문법까지 쉽게 이해되는

일본어작문

한 선희 · 타부치 사쿠코 공저

중급으로 스텝업

사람in 커뮤니케이션

머리말

　일본어교육을 하다보면 일본어작문을 어렵게 생각하거나 귀찮게 생각하는 학생들이 많은 것을 알 수 있다. 또는 모처럼 작문을 해도 무슨 뜻인지 전달이 안 될 때도 가끔 있어서 가르치는 교사의 입장에서 안타까울 때가 많이 있었다. 한국어의 작문과 일본어의 작문은 말이 다를 뿐만 아니라 쓰는 법, 표현의 방법도 다르다.

　본 교재는 이러한 점을 고려하여 되도록 일본어로 생각하여 일본어와 친해지면서 자연스러운 일본어를 작문할 수 있도록 만든 교재이다. 초급을 끝내서 중급으로 넘어가는 학습자나, 초급과정에 있더라도 기본 문법을 이해하고 있는 학습자를 대상으로 만든 교재이다.

　작문에 있어 문법은 매우 중요하다. 그러므로 본 교재는 어휘와 문형을 익혀 문법의 변형연습을 통하여 정확한 문장표현을 할 수 있도록 하였다. 여러 형태의 문장표현을 접하고 그러한 연습이 반복될 때 쉽게 일본어문장을 완성할 수 있다고 생각한다.

　아무쪼록 이 교재를 꾸준히 학습하여 일본어작문을 재미있고 흥미롭게 학습할 수 있기를 바란다. 끝으로 본 교재를 출판해 주신 사람in관계자 여러분께 깊은 감사를 드린다.

한 선희, 타부치 사쿠코.

일러두기

1) 전체 15과로 구성되어있으며, 한 과의 구성은 「본문」, 「어휘와 문형」, 「연습문제」, 「Q&A」, 「작문」으로 되어있다.
2) 본문은 흔히 생각할 수 있는 주제로, 작문하기 쉬운 테마를 골랐으며 문법사항보다는 전체내용의 흐름에 따라 구성되어있다.
3) 13부터 15과까지는 「연하장쓰는 법」, 「편지쓰는 법」, 「메일쓰는 법」으로 되어있어서, 실생활에 필요한 문서작성연습을 할 수 있도록 하였다.
4) 「어휘와 문형」에서는 본문에 나온 문법사항에 대하여 간단한 설명을 하였으며 「연습문제」를 통하여 문형연습을 할 수 있도록 하였다.
5) 「Q&A」코너에서는 질문에 따라 답하면서 작문에 쓸 내용을 생각하도록 하였다.
6) 「TIP」코너는 소홀해지기 쉬운 부사와 접속사를 골라 알기 쉽게 예문을 넣어 정리하였다
7) 본 교재는 다음과 같은 용어를 병용하였다
    - 1그룹동사 = 5단동사
    - 2그룹동사 = 상일단동사・하일단동사
    - 3그룹동사 = カ변격동사・サ변격동사
    - 연용형 = ます形
    - 원형 = 辞書形
    - 미연형 = ない形
    - い형용사 = 형용사
    - な형용사 = 형용동사
8) 교재끝부분에는 연습문제의 해답을 수록하여 혼자서 공부하는 학습자에게 도움이 되도록 하였다.

지도내용
1) 적절한 어휘와 표현을 사용하여, 문법적으로 정확하게 쓸 수 있도록 한다.
2) 적절한 내용과 구성에 의해, 표현의도를 정확하게 전달할 수 있도록 한다.
3) 1과부터 12과까지 「과제작문」의 연습을 하여, 문형과 어휘의 적절한 사용법을 익히면서 동시에 문장전체의 의도를 알 수 있도록 한다.

1과 2사항은 초급교재와 공통된 사항이나, 본 교재는 중급교재이므로 3의 사항에 대해서는 지도가 필요하다. 또한, 실제로 작문하기 전에 「Q&A」코너가 있는데, 본 교재는 초급교재와는 다르므로, 단지 질문에 대한 답을 나열하는 식의 「유도작문」과는 다르다. 즉 본 교재에서의 질문은 문장구성을 돕기 위한 것으로, 내용을 작성하기 위한 방향을 제시하는 데 초점을 맞추었다.

본서의 주요내용

과	제 목	주요내용
01	私の一週間	• ～ている　• ～ながら　• ～時　• ～たり　• おそくまで • ～ないで
02	私の好きなことについて紹介します	• ～より～のほうがもっと　• ～から～まで　• あらゆる • ～の中で～が一番～　• 가정형+ば 동사 辞書形+ほど • ～に(く)なる　• 동사 辞書形+と
03	韓国の食べ物について	• には～があります　• 何と言っても • 最近は～なかでも～人がたくさんいる • ～た+명사　• 思ったより　• て+みたい
04	週末の過ごし方	• はじめて　• なかなか～(부정)　• ～のを見た　• 途中で • ～によって
05	アルバイト	• ～ために　• 以前～たことがある • ～なければならない　• ～たら　• 동사 辞書形+つもりだ
06	家族を紹介します	• なんでも　• 自分で　• たまに　• 명사(형용동사 어간)+で • ～に勤めている　• ～に出かける　• そうだ(伝聞)　• よく • なかなか～(매우 ~)　• 동사 辞書形+ことが好きだ
07	誕生日	• ～前に　• ～後で　• あげる　• くれる　• もらう • ～てくれる　• ～そうだ(様態)
08	自己紹介	• ～で～兄弟の～目として生まれる　• ～てから　• ずっと • 私の趣味は～だ　• それから　• ～のは～からだ • それで　• ～たいものだ
09	お酒のはなし	• 普通体　• ～すぎる　• ～てしまう
10	お気に入りの時間	• なぜなら～からだ　• 例えば　• 동사가능형 • この+명사
11	休みの計画	• 동사의지형　• 의지형+と思う　• 一度も+～たことがない • まず
12	韓国の紹介文	• ～を代表する～といえば～だ　• 동사 辞書形+のもいいでしょう • 他には　• 人気がある　• 명사+でも 명사+でも
13	年賀状を書こう	엽서 쓰는 법(연하장의 경우)
14	手紙をかく	편지 쓰는 법(감사편지의 경우)
15	Eメールを書こう	메일 쓰는 법(친구에게 보내는 경우, 업무용 메일)

일러두기 / 4
본서의 주요내용 / 5

[01] 私の一週間　　　　　　　　　　008
　　　 나의 일주일

[02] 私の好きなことについて紹介します。　016
　　　 내가 좋아하는 것에 대해서 소개하겠습니다.

[03] 韓国の食べ物について　　　　　　024
　　　 한국의 음식에 대해서

[04] 週末の過ごし方　　　　　　　　　032
　　　 주말을 보내는 방법

[05] アルバイト　　　　　　　　　　　040
　　　 아르바이트

[06] 家族を紹介します。　　　　　　　048
　　　 가족을 소개하겠습니다.

[07] 誕生日　　　　　　　　　　　　　058
　　　 생일

[08] 自己紹介　　　　　　　　　　　　068
　　　 자기소개

[09]	お酒のはなし	078
	술 이야기	
[10]	お気に入りの時間	086
	마음에 드는 시간	
[11]	休みの計画	094
	휴가 계획	
[12]	韓国の紹介文	102
	한국의 소개문	
[13]	年賀状を書こう(はがきを書く)	110
	연하장을 쓰자 (엽서를 쓰다)	
[14]	手紙をかく(お礼状)	116
	편지를 쓰다 (감사장)	
[15]	Eメールをかこう	124
	E메일을 쓰자	

부록
▶ 본문해석 / 134
▶ 연습문제해답 / 141

01 私の一週間

月曜日から金曜日まで学校に通っています。

地下鉄とスクールバスを使って通っています。

バスのなかで音楽を聞きながら本を読みます。

学校の授業は9時に始まって、6時に終わります。

授業がない時は図書館で勉強します。

夜は家で宿題をしたり、母を手伝ったり、ペットの面倒を見たりします。

月曜日から金曜日まで朝早く起きますので、土曜日はたいてい遅くまで寝ます。だから私は土曜日が大好きです。

また土曜日は勉強をしないで、高校の同級生に会ったりします。

나의 일주일

友達に会って映画を見たり、おしゃべりをしたりします。
日曜日は近所のパン屋でアルバイトをしています。
アルバイトは疲れますが、楽しいです。

어휘와 문형

01 ～ている ▶ ～(하)고 있다

동사 'て形(연용형)'에「～ている」를 붙여 어떤 동작이 진행 중인 것을 나타내기도 하고, 어떤 행위를 습관적으로 되풀이하고 있다는 의미를 나타내기도 한다.

〈진행〉
今、ご飯を食べています。
지금, 밥을 먹고 있습니다.

本を読んでいます。
책을 읽고 있습니다.

〈반복, 습관〉
パン屋でアルバイトをしています。
빵집에서 아르바이트를 하고 있습니다.

バスにのって通っています。
버스를 타고 다니고 있습니다.

毎朝、運動をしています。
매일 아침, 운동을 하고 있습니다.

02 동사 ます形 + ～ながら ▶ ～(하)면서

「동사 ます形 + ながら」는 두 가지 행위를 동시에 하는 것을 나타낸다.「ながら」는 한국어의 '～면서'에 해당하는 경우가 있는데 '～면서'의 쓰임이 「ながら」보다 많기 때문에 주의하지 않으면 안된다.

(○) 비가 오면서 바람이 불고 있다.
(×) 雨が降っていながら、風がふいています。

テレビを見ながら食事をする。
텔레비전을 보면서 식사를 하다.

お酒を飲みながら話をする。
술을 마시면서 이야기를 하다.

踊りながら歌う。
춤추면서 노래부르다.

語彙と文型

03 ～時 ▶ ～(할)때

い형용사・な형용사나 동사의 辞書形, 명사 + の에 時를 붙여 '～할 때' 라는 뜻으로 쓰인다.

    食べる時 : 먹을 때
    さびしい時 : 외로울 때
    さむい時 : 추울 때
    勉強の時 : 공부할 때

04 ～たり、(～たり) ▶ ～하거나

많은 동작 중에서 몇 가지를 들어서 말할 경우 「～たり、～たり」를 사용하여 '～하거나' 의 뜻을 나타낸다.

    友達に会ったり、映画を見たりします。
    친구를 만나기도 하고, 영화를 보기도 합니다.

    テニスをしたり、ジョギングをしたりします。
    테니스를 치거나, 조깅을 하거나 합니다.

05 おそくまで ▶ 늦게까지

「まで」앞에는 「おそい」를 「おそく」로 바꿔 '늦게까지'로 표현할 수 있다. 많이 쓰이는 예로는 「近くまで」로, 「近い」를 「近く」로 바꿔 '근처' 의 뜻으로 쓰인다.

06 ない形 + ないで ▶ ～(하)지 않고

ない形(미연형)에 「ないで」가 붙을 경우 두 가지 행위가 있으나 한 가지 만을 선택하여 행하는 것을 말한다.

    勉強をしないでテレビをみます。
    공부를 하지 않고 텔레비전을 봅니다.

    どこも行かないで、ゆっくり休みます。
    아무데도 가지 않고, 푹 쉽니다.

연습문제

다음 문장을 보기와 같이 바꿔 봅시다.

1 〈보기〉 毎朝新聞を読む ➡ 毎朝新聞を読んでいます。

　(1) 友達と一緒に遊ぶ
　　➡ _____

　(2) 大学で日本語を勉強する
　　➡ _____

　(3) 病院で働く
　　➡ _____

　(4) スーパーで交通カードを売る
　　➡ _____

2 〈보기〉 テレビを見る・食事をする ➡ テレビを見ながら食事をする。

　(1) 音楽を聞く・運転をする
　　➡ _____

　(2) 歌を歌う・ピアノを弾く
　　➡ _____

　(3) 歩く・話をする
　　➡ _____

　(4) 写真を見る・説明をする
　　➡ _____

ドリル

3   〈보기〉 掃除をする・洗濯する ➡ 掃除したり洗濯したりします。

(1) 銀行に行く・買い物をする
   ➡ _____

(2) 本を読む・雑誌を読む
   ➡ _____

(3) ケーキをつくる・お菓子をつくる
   ➡ _____

(4) 手紙を書く・音楽をきく
   ➡ _____

4   〈보기〉 仕事をする・遊ぶ ➡ 仕事をしないで遊びます。

(1) 歯を磨く・寝る
   ➡ _____

(2) 朝ご飯を食べる・学校に行く
   ➡ _____

(3) 友達に会う・図書館に行く
   ➡ _____

(4) 人に頼む・自分でやる
   ➡ _____

(5) 仕事をやめる・がんばる
   ➡ _____

Q&A

[1] 毎朝何時に起きますか。

[2] 朝起きて何をしますか。

[3] 何時頃、朝ご飯を食べますか。

[4] 昼休みは何時から何時までですか。

[5] 晩ご飯はどこで食べますか。

[6] 日曜日は何をしますか。

[7] 毎晩何時に寝ますか。

作文　私の一週間について書いてみよう！

TiP 01

たいてい : 대개 (습관적인 것이거나, 빈도나 확률이 높을 때 사용한다.)

週末はたいてい家族と過ごします。
주말은 대개 가족과 함께 지냅니다.

高校時代の友達と会うと、たいていカラオケに行きます。
고등학교 친구를 만나면 대개 노래방에 갑니다.

また : 又 (추가, 먼저 말한 사항과 관련하여, 또 다른 것을 추가하거나 설명하기도 한다.)

申し込みは郵便で受け付けています。また、インターネットでも受け付けています。
신청은 우편으로 받고 있습니다. 또 인터넷으로도 받고 있습니다.

分からないことがあったら先生に聞いてください。また、助手に聞いてもいいです。
모르는 점이 있으면 선생님에게 질문해 주세요. 또 조교에게 물어봐도 괜찮아요.

TiP 02

だから : 그래서, 그렇기 때문에, 그러니까
(「ので」、「から」보다 이유를 강조하고 싶을 때 사용)

特別な野菜を使っています。だから、おいしい。
특별한 야채를 사용하고 있습니다. 그래서 맛있어요.

綿密に計画を立てた。だから、成功した。
치밀하게 계획을 세웠다. 그렇기 때문에 성공했다.

無料旅行券が当たった。だから、家族８人で旅行に行けた。
무료여행권이 당첨됐다. 그래서 8명의 가족이 여행을 갈 수 있었다.

02 私の好きなことについて紹介します。

私の好きなことについて紹介します。

私の好きなことは映画を見ることです。

料理をつくることは得意ですが、あまりすきじゃありません。

料理より映画のほうがもっと好きです。

映画は恋愛映画からサスペンスまであらゆるジャンルが好きです。

特に映画の中でアクション映画が一番好きです。

내가 좋아하는 것에 대해서 소개하겠습니다.

また映画音楽を聞くことも好きです。

映画音楽は聞けばきくほど好きになります。

映画音楽をきいていると心が安らぎます。

어휘와 문형

01 〜より 〜のほうが もっと ▶ ~보다 ~쪽이 더 ~

두 가지를 서로 비교할 때 쓰는 표현이다.

料理より映画のほうがもっと好きです。
요리보다 영화를 더 좋아합니다.

02 〜から〜まで ▶ ~부터 ~까지

장소·범위·시간 모두에 쓸 수 있다.

〈장소〉
ヨイドから大学路まで 여의도에서 대학로까지

〈범위〉
ポップスからクラシックまで 팝송부터 클래식까지

〈시간〉
朝から晩まで 아침부터 저녁까지

03 あらゆる ▶ 모든, 일체의

あらゆる本 : 모든 책   あらゆる人 : 모든 사람

04 〜の中で〜が一番 ~형용사·형용동사 ▶ ~가운데 ~가 제일~

물건·사람·장소·시간 중에서 정도가 가장 크다는 것을 나타내는 표현이다.
「〜が」 앞에 의문사가 오면 질문이 된다.

映画のなかでアクション映画が一番好きです。
영화 중에서 액션영화를 제일 좋아합니다.

果物のなかで何が一番好きですか。
과일 중에서 무엇을 제일 좋아합니까?

語彙と文型

05 가정형＋ば　동사 **辞書形**＋ほど　▶ ~하면 ~할수록

聞け**ば**聞く**ほど**：들으면 들을수록

勉強すれ**ば**する**ほど**むずかしくなります。
공부하면 할수록 어려워집니다.

06 명사(に)
い형용사 연용형(く)　なる　▶ ~이(가) 되다
な형용사 연용형(に)

先生**になります**：선생님이 됩니다.
さむ**くなります**：추워집니다.
好き**になります**：좋아집니다.

※ 한국어 「~가(이) 되다」에 이끌려 「~がなります」가 안되도록 주의하여야 한다.

07 동사 **辞書形** ＋ と　▶ ~하면

어떤 동작이 이루어진 결과, 필연적으로 다른 작용과 일이 계속해서 일어날 경우 「と」를 써서 두 문장을 연결한다.

ここを押す**と**、ドアが開きます。
여기를 누르면, 문이 열립니다.

右に行く**と**、銀行があります。
오른쪽으로 가면, 은행이 있습니다.

春になる**と**花が咲きます。
봄이 되면 꽃이 핍니다.

「~と」에 이어지는 문장에는 의지·희망·권유·의뢰 등의 표현을 쓸 수 없다.

（×）春になると、遊びに行きたいです。
　　　봄이 되면 놀러가고 싶습니다.

연습문제

다음 주어진 문장에 맞게 적당한 말을 연결해 봅시다.

1 _____より_____のほうがもっと_____。

(1) 銀　　　　　•　　　•　弟の部屋　•　　•　楽しいです
(2) 勉強　　　•　　　•　山　　　　•　　•　好きです
(3) 海　　　　•　　　•　ゲーム　　•　　•　高いです
(4) 私の部屋　•　　　•　白頭山　　•　　•　広いです
(5) 智異山　　•　　　•　ダイヤモンド•　•　有名です

2 _____の中で_____が一番_____。

(1) くだもの　•　　　•　漢江　　•　　•　好きだ
(2) 季節　　　•　　　•　富士山　•　　•　長い
(3) 川　　　　•　　　•　春　　　•　　•　うつくしい
(4) 韓国料理　•　　　•　メロン　•　　•　高い
(5) 山　　　　•　　　•　キムチ　•　　•　有名だ

다음 문장을 보기와 같이 바꿔 봅시다.

3　〈보기〉食べる・ふとる ➡ 食べれば食べるほどふとります。

(1) 日本語は勉強する・おもしろくなる
　　➡ _____

(2) 外国語は聞く・わかる
　　➡ _____

(3) 運動する・やせる
　　➡ _____

ドリル

(4) 土地は都市に近い・高い
   ➡ _____

(5) 車の音が静かだ・いい
   ➡ _____

4 〈보기〉まっすぐ行きます・郵便局がある ➡ まっすぐ行くと郵便局があります。

(1) 冬になります・雪が降る
   ➡ _____

(2) ボタンを押します・音が出る
   ➡ _____

(3) 運動をします・丈夫になる
   ➡ _____

(4) 橋をわたる・看板が見える
   ➡ _____

5 特に_____が_____です。

(1) 日本語　　　　　　　・　　・広い
(2) 済州道のミカン　　　・　　・有名
(3) 東京の物価　　　　　・　　・上手
(4) 金剛山　　　　　　　・　　・高い
(5) オリンピック公園　　・　　・甘い

Q&A

[1] あなたの趣味は何ですか。

[2] その趣味はいつから始めましたか。

[3] どうしてその趣味を始めましたか。

[4] 同じ趣味を持っている友達がいますか。

[5] 何が得意ですか。

作文　私の好きなことについて書いてみましょう！

TiP 03

特に：특히 (한 곳에 포인트를 두어 강조한다.)

私の趣味は運動ですが、特に、サーフィンをよくしに行きます。
내 취미는 운동입니다만, 특히 자주 파도타기를 하러 갑니다.

経済に興味や関心があります。特に、株式に興味があります。
경제에 흥미와 관심이 있습니다. 특히, 주식에 흥미가 있습니다.

家では新聞を5種類とっていますが、私は特に経済新聞をよくよみます。
집에서 5종류의 신문을 보고 있지만, 나는 특히 경제신문을 잘 봅니다.

03 韓国の食べ物について

韓国の食べ物にはいろいろなものがありますが、何と言ってもキムチが一番有名です。

最近は日本人のなかでもキムチが好きな人がたくさんいます。ほかに私が好きなものにトッポッキがあります。トッポッキはもちとてんぷらなどをコチュジャンであえた食べ物です。

한국의 음식에 대해서

思ったよりからくないです。とてもおいしいです。
トッポッキの作り方を習って、一度作ってみたいです。

어휘와 문형

01 〜には　〜があります ▶ ~에는 ~가 있습니다

食べものにはいろいろなものがあります。
음식에는 여러 가지가 있습니다.

コンピュータにはいろいろな種類があります。
컴퓨터에는 여러 가지 종류가 있습니다.

02 何と言っても ▶ 뭐니뭐니 해도

何と言ってもキムチが一番有名です。
뭐니뭐니 해도 김치가 제일 유명합니다.

03 最近は　〜のなかでも　〜人がたくさんいます
▶ 최근에는 ~중에도 ~사람이 많이 있습니다

最近は日本人のなかでもキムチが好きな人がたくさんいます。
최근에는 일본인 중에도 김치를 좋아하는 사람이 많이 있습니다.

04 〜た＋名詞

コチュジャンであえた食べ物
고추장으로 비빈 음식

木でつくった机
나무로 만든 책상

帽子をかぶった人
모자를 쓴 사람

語彙と文型

05 思ったより ▶ 생각한 것 보다

思ったよりからくないです。おいしいです。
생각한 것 보다 맵지 않습니다. 맛있습니다.

06 ～て＋みたい ▶ ~해 보고 싶다

一度作ってみたいです。
한 번 만들어 보고 싶습니다.

一度行ってみたいです。
한번 가보고 싶습니다.

연습문제

다음 주어진 문장에 맞게 적당한 말을 연결해 봅시다.

1 何と言っても_____が、一番_____です。

(1) ゲーム　　　・　　　　・やさしい
(2) 運動　　　　・　　　　・楽しい
(3) 母　　　　　・　　　　・体にいい
(4) 野菜　　　　・　　　　・好きだ

2 最近は_____の中でも_____人がたくさんいます。

(1) 小学生　　・　　　　・日本に修学旅行をする
(2) 高齢者　　・　　　　・中国語を勉強している
(3) 高校生　　・　　　　・健康のためにダイエットをする
(4) 韓国人　　・　　　　・マラソンをする

다음 문장을 보기와 같이 바꿔 봅시다.

3 〈보기〉私がつくる＋料理です ➡ 私がつくった料理です。

(1) 私が書く ＋ 手紙です
　➡ _____

(2) 母が編む ＋ セーターです
　➡ _____

(3) 兄が使う ＋ 辞書です
　➡ _____

(4) 友達にもらう ＋ 指輪です

➡ _____

다음 주어진 문장에 맞게 적당한 말을 연결해 봅시다.

4　　思ったより_____ないです。_____です。

(1) 遠い　　　・　　　　　・ 軽い
(2) 重い　　　・　　　　　・ 易しい
(3) うるさい　・　　　　　・ 近い
(4) おもしろい ・　　　　　・ つまらない
(5) 難しい　　・　　　　　・ 静かだ

다음 주어진 문장을 활용하여 빈칸을 채워봅시다.

5　　一度_____てみたいです。

(1) 東京に行く

➡ _____

(2) 日本人と話す

➡ _____

(3) 頂上まで登る

➡ _____

(4) 川を渡る

➡ _____

Q&A

[1] 日本の食べ物はどうですか。

[2] 韓国の食べ物とどう違いますか。

[3] 好きな食べ物は何ですか。

[4] どんな日本の料理を食べてみましたか。

[5] いちばん嫌いな料理は何ですか。

[6] 今、一番食べたいものは何ですか。

作文 韓国の食べ物について書いてみましょう！

TiP 04

何と言っても：뭐니뭐니해도, 누가 뭐래도

何といってもキムチが一番有名です。
뭐니뭐니 해도 김치가 제일 유명합니다.

旅行にいくのもたのしいが、**何と言っても**家が一番ゆっくりできる。
여행가는 것도 즐겁지만 누가 뭐래도 집이 제일 편하다.

韓国は**何といっても**秋が特にきれいです。
한국은 누가 뭐래도 특히 가을이 아름답습니다.

04 週末の過ごし方

きのうは家族と一緒に車ではじめて南山に行きました。

南山には南山タワーがあります。

一度行ってみたかったのですが、なかなか行く機会がありま

せんでした。

南山タワーの一番上にある展望台にのぼりました。

展望台からながめるソウルの景色はきれいでした。

주말을 보내는 방법

そこで日が沈むのを見ました。非常に感動的でした。
家に帰る途中でスーパーによって買い物をしました。

어휘와 문형

01 はじめて ▶ 처음으로

처음, 시초라는 표현으로 처음 경험을 나타낸다. 'はじめに'와는 다르므로 주의하여야 한다.

はじめて南山に行きました。
처음으로 남산에 갔습니다.

はじめて飛行機に乗りました。
처음으로 비행기를 탔습니다.

02 なかなか～ 부정표현 ▶ 좀처럼 ~없다

なかなか行く機会がありませんでした。
좀처럼 갈 기회가 없었습니다.

03 동사辞書形＋のを見ました ▶ ~는 것을 보았습니다

日が沈むのを見ました。
해가 지는 것을 보았습니다.

花が咲いているのを見ました。
꽃이 피어 있는 것을 보았습니다.

窓が開いているのを見ました。
창문이 열려 있는 것을 보았습니다.

鳥がないているのを見ました。
새가 울고 있는 것을 보았습니다.

語彙と文型

04 동사 辞書形 + 途中で ▶ 도중에

「途中に」가 되지 않도록 주의해야 한다.

家に帰る途中で、おでんを食べました。
집에 가는 도중에 어묵을 먹었습니다.

05 ～によって ▶ ~에 들러서

スーパーによって買い物をしました。
슈퍼마켓에 들러서 쇼핑을 했습니다.

연습문제

다음 주어진 문장을 활용하여 빈칸을 채워봅시다.

1 ＿＿＿＿＿＿なかなか＿＿＿＿＿＿＿＿＿ません。

(1) 都会では ― 星を見ることが出来る
   ➡ ＿＿＿＿＿＿＿＿＿＿＿＿＿＿＿＿＿＿＿

(2) 小学校の同級生と ― 会える
   ➡ ＿＿＿＿＿＿＿＿＿＿＿＿＿＿＿＿＿＿＿

(3) 頂上までは ― 登ることが出来る
   ➡ ＿＿＿＿＿＿＿＿＿＿＿＿＿＿＿＿＿＿＿

(4) 先生の前では ― 言える
   ➡ ＿＿＿＿＿＿＿＿＿＿＿＿＿＿＿＿＿＿＿

2 ＿＿＿＿＿＿によって＿＿＿＿＿＿＿＿＿ました。

(1) 本屋 ― 本を買う
   ➡ ＿＿＿＿＿＿＿＿＿＿＿＿＿＿＿＿＿＿＿

(2) 美容室 ― 髪をカットする
   ➡ ＿＿＿＿＿＿＿＿＿＿＿＿＿＿＿＿＿＿＿

(3) 図書館 ― 本を借りる
   ➡ ＿＿＿＿＿＿＿＿＿＿＿＿＿＿＿＿＿＿＿

(4) 喫茶店 ― コーヒーを飲む
   ➡ ＿＿＿＿＿＿＿＿＿＿＿＿＿＿＿＿＿＿＿

(5) 銀行 ― お金をおろす
   ➡ ＿＿＿＿＿＿＿＿＿＿＿＿＿＿＿＿＿＿＿

ドリル

(6) 郵便局 ― 手紙を出す
　➡ ＿＿＿＿＿＿＿＿＿＿＿＿＿＿＿＿＿＿＿＿＿＿＿＿＿＿＿＿

다음 문장을 보기와 같이 바꿔 봅시다.

3 〈보기〉 日が沈みます＋のを見ました ➡ 日が沈むのを見ました。

(1) 目の前で事故がおきました＋のを目撃しました
　➡ ＿＿＿＿＿＿＿＿＿＿＿＿＿＿＿＿＿＿＿＿＿＿＿＿＿＿＿＿

(2) 気球が飛んでいます＋のを写真にとりました
　➡ ＿＿＿＿＿＿＿＿＿＿＿＿＿＿＿＿＿＿＿＿＿＿＿＿＿＿＿＿

(3) ドアがしまります＋のを聞きました
　➡ ＿＿＿＿＿＿＿＿＿＿＿＿＿＿＿＿＿＿＿＿＿＿＿＿＿＿＿＿

(4) インターネットにのっています＋のを読みました
　➡ ＿＿＿＿＿＿＿＿＿＿＿＿＿＿＿＿＿＿＿＿＿＿＿＿＿＿＿＿

Q & A

[1] 先週の土曜日はどこへ行きましたか。

[2] だれと行きましたか。

[3] 何をしましたか。

[4] 日本に行ったことがありますか。それはいつですか。どこに行きましたか。

[5] 韓国の中で一番思い出に残っている所はどこですか。

[6] それはどうしてですか。

[7] その場所で何をしましたか。

作文 週末の過ごし方について書いてみましょう！

TiP 05

そこで : 거기에서
(문장속에서 「あそこ」를 쓰지 않는다. 「ここ」나 「そこ」를 쓰고, 보통 「そこ」를 많이 사용한다.)

昨日、新しくオープンした本屋に行きました。そこで、昔の幼馴染に会いました。
어제 새로 문을 연 책방을 갔습니다. 거기에서 옛날 소꿉 친구를 만났습니다.

弟はイギリスに留学中です。弟はそこで森林の環境問題のついて研究しています。
동생은 영국에서 유학하고 있습니다. 동생은 거기에서 삼림의 환경문제에 대해서 연구하고 있습니다.

05 アルバイト

　この頃、旅行費をためるためにアルバイトをしています。以前アルバイトで家庭教師をしたことがありますが、今回は家の近くの喫茶店でアルバイトをしています。

　アルバイトは朝9時に始まって、夕方7時に終わりますので疲れますが、貯金するために働かなければなりません。

　コーヒーショップでアルバイトしてみて、今まで親の下で楽な生活をしてきたと反省しました。

아르바이트

喫茶店のアルバイトが終わったらまた家庭教師のバイトをするつもりです。

어휘와 문형

01 辞書形 / 명사+の ＋ ために ▶ ~하기 위해서 (목적을 나타냄)

お小遣いをかせぐためにアルバイトをしています。
용돈을 벌기 위해서 아르바이트를 하고 있습니다.

貯金をするために節約しなければなりません。
저금하기 위해서 절약하지 않으면 안됩니다.

会議のために資料を用意しました。
회의를 위해서 자료를 준비했습니다.

02 以前 ～たことがあります ▶ 이전에 ~한 적이 있습니다 (경험)

以前アルバイトで家庭教師をしたことがあります。
이전에 아르바이트로 가정교사를 한 적이 있습니다.

03 동사 ない形＋なければなりません
▶ ~하지 않으면 안됩니다 (의무나 필요를 나타냄)

働かなければなりません。
일하지 않으면 안됩니다.

学生は勉強しなければなりません。
학생은 공부하지 않으면 안됩니다.

06 동사 て形 / い형용사 かっ / な형용사 だっ / 명사＋だっ ＋ たら ▶ ~면

어떤 일·동작을 가정하는 조건을 나타내며, 그 조건하에서 말하는 사람의 입장·의견·요구사항 등을 말하는 경우에 쓰이는 표현이다.

語彙と文型

アルバイトが終わったら家庭教師をするつもりです。
아르바이트가 끝나면 가정교사를 할 생각입니다.

05 동사 辞書形 + つもりです ▶ ~할 예정입니다

夏休みはボランティア活動をするつもりです。
여름 방학에는 봉사활동을 할 예정입니다.

大学院の試験を受けるつもりです。
대학원 시험을 볼 예정입니다.

卒業したら結婚するつもりです。
졸업하면 결혼할 예정입니다.

연습문제

다음 문장을 보기와 같이 바꿔 봅시다.

1. 〈보기〉 味をつける・しょうゆを使う ➡ 味をつけるためにしょうゆを使いました。

    (1) 仕事を見付ける・努力する
    ➡ _____

    (2) 恋人・プレゼントを買う
    ➡ _____

    (3) 来客・花を飾る
    ➡ _____

    (4) 就職する・留学する
    ➡ _____

다음 주어진 문장을 활용하여 보기와 같이 바꿔 봅시다.

2. 〈보기〉 日本語の勉強をする ➡ 以前、日本語の勉強をしたことがあります。

    (1) ホテルで働く
    ➡ _____

    (2) ビデオ屋でビデオを借りる
    ➡ _____

    (3) セーターを編む
    ➡ _____

    (4) アメリカを旅行する
    ➡ _____

ドリル

(5) すみだ川の花火大会を見る
　➡ _____

(6) ユニバーサルジャパンに行く
　➡ _____

3 〈보기〉 一生懸命勉強する ➡ 一生懸命勉強しなければなりません。

(1) 会議があるので資料をコピーする
　➡ _____

(2) 日本へ行くので飛行機のチケットを予約する
　➡ _____

(3) 卒業のために論文を書く
　➡ _____

(4) 韓国の男性は軍隊に行く
　➡ _____

다음 주어진 문장을 활용하여 빈칸을 채워봅시다.

4 _____たら_____。

(1) 仕事が終わる　　　　　・　　　・　遊びに来て下さい
(2) ひまだ　　　　　　　・　　　・　買いに行きます
(3) 大学を卒業する　　　・　　　・　早く帰りたい
(4) コンピューターが安い　・　　　・　就職する
(5) 暑い　　　　　　　　・　　　・　上着をぬいでください

05 アルバイト

Q&A

[1] アルバイトにはどんなものがありますか。

[2] アルバイトをしたことがありますか。

[3] 時給はいくらですか。

[4] 一ヶ月の小遣いはいくらですか。

[5] どんなアルバイトがしたいですか。

作文　アルバイトについて書いてみましょう。

TiP 06

以前：이전
(「昔」(옛날)라고 하면 몇 십 년 전의 일이 된다. 「以前」(이전)은 조금 전의 일도 말할 수 있다.)

以前はジョギングをしたが、最近は太極拳を毎日している。
전에는 조깅을 했지만, 최근에는 매일 태극권을 하고 있다.

以前は体がよわかったが、水泳をはじめて丈夫になった。
전에는 몸이 약했지만, 수영을 시작하고 나서 튼튼해졌다.

以前は夜遅くまでお酒をのんでも平気だったが、この頃は朝起きられない。
전에는 밤늦게까지 술을 마셔도 괜찮았지만, 요즈음은 아침에 일어날 수 없다.

TiP 07

今回：이번 / 次回：다음 번 / 前回：지난 번

前回は5キロレースに挑戦した。
지난번에는 5km 경수에 도전했다.

今回は10キロレースに参加し完走できた。
이번에는 10km 경주에 참가해서 완주했다.

次回はハーフマラソンに挑戦しよう。
다음에는 하프마라톤(Half marathon)에 도전해야지.

前回の会議では合意できませんでしたが、**今回**は是非、合意しましょう。
지난번 회의에서는 합의 못 했습니다만, 이번에는 꼭 합의합시다.

今回はここまで、**次回**は47ページからはじめます。
이번에는 여기까지, 다음에는 47페이지부터 시작하겠습니다.

06 家族を紹介します。

私の家族は5人です。祖母と両親と兄と私です。

祖母は73才ですが、とても元気で、何でも自分でします。たまに料理もします。

父は51才で、貿易会社に勤めています。父の趣味はつりで、週末になると、つりに出かけます。つりをしているときが一番幸せだそうです。

母は主婦です。テレビドラマが好きで、よくテレビドラマを見ます。テレビドラマを見ながら泣くときもあります。

가족을 소개하겠습니다.

兄は軍隊に行きました。兄はスポーツは万能です。

最近は家族みんな集まるのがなかなかむずかしいです。

私はみんなが集まって食事することがすきです。

어휘와 문형

01 なんでも ▶ 뭐든지

私は好き、嫌いなくなんでも食べられます。
나는 좋고 싫어하는 것 없이 뭐든지 먹을 수 있습니다.

あのミュージシャンは演歌からジャズまでなんでもピアノでひけます。
저 음악가는 엔카부터 재즈까지 뭐든지 피아노로 칠 수 있습니다.

02 自分で ▶ 자기 자신, 스스로

何でも自分でします。
뭐든지 스스로 합니다.

何でも自分で決めます。
뭐든지 스스로 결정합니다.

自分で準備します。
스스로 준비합니다.

03 たまに ▶ 가끔, 이따금

たまに料理もします。
가끔 요리도 합니다.

運動はあまりしませんが、たまに登山をします。
운동은 별로 하지 않습니다만, 가끔 등산을 합니다.

手紙は書きませんが、たまに電話をかけます。
편지는 쓰지 않습니다만, 가끔 전화를 겁니다.

語彙と文型

04 명사 / 형용동사(な형용사)어간 + で ▶ ~이고, ~하고

吉岡さんは大阪出身で、開業医です。
요시오카 씨는 오사카출신이고 개업의입니다.

弟は大学院生で、イギリスに留学中です。
동생은 대학원생이고 영국유학중입니다.

母はとても元気で、銀行に勤めています。
어머니는 매우 건강하고, 은행에 근무하고 있습니다.

05 ～に勤めている ▶ ~에 근무하고 있다

父は51才で、貿易会社に勤めています。
아버지는 51세이고, 무역회사에 근무하고 있습니다.

※「貿易会社で勤めています」로 作文하지 않도록 주의하여야 한다.

06 동작성 명사, 동사 ます形＋～に出かける ▶ ~하러 나가다

つりに出かけます。
낚시하러 나갑니다.

空港へ親せきをむかえに出かける。
공항에 친척을 마중하러 나가다.

母はちょっとそこまでわさびを買いに出かけました。
엄마는 가까운 곳에 겨자를 사러 나갔습니다.

きのういとこに会いに出かけました。
어제 사촌 형제를 만나러 나갔습니다.

06 家族を紹介します。 51

어휘와 문형

07
명사＋だ
い형용사・な형용사＋辞書形
동사＋辞書形
과거형＋た
＋そうです ▶ ~라고 합니다(伝聞)

화자가 듣거나 얻은 정보를 자기의 의견을 포함시키지 않고 듣는 사람에게 전하는 전문(伝聞)의 조동사이다. 정보의 출처를 밝힐 때에는「~によると、~によれば(~에 의하면, ~에 따르면)」등의 표현을 문장 앞에 쓴다.

つりをしている時が一番幸せだそうです。
낚시를 할 때가 가장 행복하다고 합니다.

天気予報によると、今年の夏は暑いそうです。
일기예보에 의하면 올 여름은 덥다고 합니다.

08 よく ▶ 자주

よくドラマを見ます。
자주 드라마를 봅니다.

「よくわかります」「よくできます」에서의「よく」는「잘, 매우」의 뜻으로,「자주」의「よく」와 다르므로 주의하여야 한다.

語彙と文型

09 なかなか～　▶ 매우 ~

なかなかむずかしいです。
매우 어렵습니다.

「なかなか」뒤에 부정이 오면 「좀처럼」의 뜻 (4과 参考)이 되는 것과는 다르다.

10 동사 辞書形＋ことが好きです　▶ ~하는 것을 좋아합니다

のんびり一人ででかける**ことが好きです**。
혼자 홀가분하게 외출하는 것을 좋아합니다.

ノレバンで歌う**ことが好きです**。
노래방에서 노래하는 것을 좋아합니다.

高い山に登る**ことが好きです**。
높은 산에 올라가는 것을 좋아합니다.

연습문제

다음 문장을 보기와 같이 바꿔 봅시다.

1 〈보기〉 皆元気です。 ➡ 皆元気だそうです。

(1) 洪水の被害は大きいです
　➡ _____

(2) 事故の原因ははっきりわかりません
　➡ _____

(3) あしたは休みです
　➡ _____

(4) 来年大統領の選挙が行われます
　➡ _____

(5) ○○市の住宅街は静かです
　➡ _____

(6) 先月新しいCDが発売されました
　➡ _____

다음 주어진 문장에 맞게 적당한 말을 연결해 봅시다.

2 ＿＿＿＿＿よく＿＿＿＿＿を＿＿＿＿＿ます。

(1) 学校で ・　　　・ 手紙　　・　　・ 食べる
(2) 先生と ・　　　・ 相談　　・　　・ 書く
(3) 夜は　 ・　　　・ お弁当　・　　・ する

ドリル

다음 문장을 보기와 같이 연결해 봅시다.

3   〈보기〉勉強します + 図書館に行きます ➡ 勉強しに図書館に行きます。

(1) お金をおろします + 銀行に行きます
   ➡ _____

(2) 手紙を出します + 郵便局に行きます
   ➡ _____

(3) 友達に会います + アメリカに行きます
   ➡ _____

(4) 子供をむかいます + 幼稚園に行きます
   ➡ _____

(5) 薬を買います + 薬局に行きます
   ➡ _____

Q&A

[1] 何人家族ですか。

[2] 家族はだれとだれですか。

[3] ペットがいますか。

[4] どんなペットが欲しいですか。

[5] お母さんは仕事をしていますか。

[6] 兄弟は何人ですか。

[7] お父さんとお母さんはどんな性格ですか。

作文　私の家族を紹介してみましょう。

TiP 08

たまに : 가끔, 어쩌다가, 이따금　（「ときどき(가끔)」보다도 빈도가 적다）

買い物はすきじゃありません。たまに、彼女に付き合ってデパートにいきます。
쇼핑은 좋아하지 않습니다. 어쩌다가, 그녀와 같이 백화점에 갑니다.

経済にはあまり興味がありません。たまに経済新聞をよみます。
경제에는 그다지 흥미가 없습니다. 어쩌다가 경제신문을 읽습니다.

週末、外にでかけません。たまに、犬といっしょに公園を散歩します。
주말에 밖으로 외출하지 않습니다. 어쩌다가 개와 함께 공원을 산책합니다.

TiP 09

よく : 자주

僕の彼女は買い物が大好きです。よくデパートに行くみたいです。
내 애인은 쇼핑을 매우 좋아합니다. 자주 백화점에 가는 것 같습니다.

彼氏とよく映画をみにいきます。たまに、ミュージカルや演劇をみに劇場にいきます。
그녀와 자주 영화를 보러 갑니다. 어쩌다가, 뮤지컬이나 연극을 보러 극장에 갑니다.

家で料理はよくしません。外でよくたべます。
집에서 요리는 자주 하지 않습니다. 밖에서 자주 먹습니다.

07 誕生日

先週の土曜日は私の誕生日でした。同じクラスの友達と大学路のレストランへ行きました。食事の前に友達がケーキのろうそくに火をつけてハッピバースデーをうたってくれました。

それからみんなからプレゼントをもらいました。李さんはシルバーのネックレスを、朴さんはさいふをくれました。催さんからはあたたかそうな手編みのセーターをもらいました。心のこもったプレゼントをもらってうれしくて、涙が出そうでした。

생일

そのあと食事をしました。食事のあと、映画館へ行って映画を見ました。思い出に残る誕生日になりました。

어휘와 문형

01
명사 の
동사 辞書形] + 前に ▶ ~전에

명사 の
동사 ～た] + 後(で) ▶ ~후에

食事の前に : 식사전에
シャワーする前に : 샤워전에
食事した後で : 식사한 후에

02
あげる ▶ 주다(화자 또는 화자의 입장에 있는 사람이 주는 사람이 되어 물건을 줄 때 쓴다)
くれる ▶ 주다(다른 사람이 화자 또는 화자 쪽 사람에게 줄 때 쓴다. 주는 사람이 주어가 된다)
もらう ▶ 받다(물건을 주는 사람은 「に」 또는 「から」를 쓴다)

私は鈴木さんに花をあげました。
나는 스즈키 씨에게 꽃을 주었습니다.

友達が私にプレゼントをくれました。
친구가 나에게 선물을 주었습니다.

母に服をもらいました。
어머니에게 옷을 받았습니다.

03 ～てくれる ▶ ~해 주었습니다.

행위자가 주어가 되어 어떤 행위가 화자 또는 화자 쪽 사람에게 행하여졌을 때 쓰는 표현이다. 후의와 감사의 뜻이 담긴 표현이다.

ハッピーバースデイを歌ってくれました。
생일 노래를 불러 주었습니다.

金さんは私に日本語を教えてくれました。
김선생님은 나에게 일본어를 가르쳐 주셨습니다.

語彙と文型

04 동사・ます形　　　　　⎫
　　い형용사 어간　　＋ そうだ　▶ ~인 것/~일 것 같다(様態)
　　な형용사 어간　　　⎭

　　예외)　よい ➡ よさそうだ
　　　　　ない ➡ なさそうだ

① 대상의 외관이나 인상을 근거로 추측할 때 사용한다.

　　催さんからあたたかそうなセーターをもらいました。
　　최 씨로부터 따뜻해 보이는 스웨터를 받았습니다.

　　ケーキがおいしそうです。
　　케익이 맛있을 것 같습니다.

　　この机は丈夫そうです。
　　이 책상은 튼튼할 것 같습니다.

② 화자의 판단・예측・예감 등을 나타낼 때 사용한다.

　　涙が出そうでした。
　　눈물이 나올 것 같았습니다.

　　今にも雪が降りそうです。
　　금방이라도 눈이 내릴 것 같습니다.

연습문제

다음 문장을 보기와 같이 바꿔 봅시다.

1 〈보기〉 授業に出ます・予習します ➡ 授業に出る前に、予習します。

　(1) 水泳をします・準備体操をします
　　➡ _____

　(2) 会います・電話をかけます
　　➡ _____

　(3) 寝ます・歯を磨きます
　　➡ _____

　(4) 会社をやめます・よく考えます
　　➡ _____

2 〈보기〉 切手をはる・手紙を出す ➡ 切手をはった後で、手紙を出します。

　(1) 仕事が終わる・飲みに行く
　　➡ _____

　(2) 食事をする・カラオケに行く
　　➡ _____

　(3) 車が止まる・車から降りる
　　➡ _____

　(4) 授業が終わる・質問をする
　　➡ _____

　(5) テニスをする・シャワーを浴びる
　　➡ _____

ドリル

3 〈보기〉 辞書(姉 → 私) ➡ 姉が私に辞書をくれました。
　　　　　　　　　➡ 私は姉に(姉から)辞書をもらいました。

(1) お金(母 → 私)
　　➡ ＿＿＿＿＿＿＿＿＿＿＿＿＿＿＿＿＿＿＿＿＿＿＿＿＿＿＿＿＿
　　➡ ＿＿＿＿＿＿＿＿＿＿＿＿＿＿＿＿＿＿＿＿＿＿＿＿＿＿＿＿＿

(2) 映画の切符(友達 → 私の弟)
　　➡ ＿＿＿＿＿＿＿＿＿＿＿＿＿＿＿＿＿＿＿＿＿＿＿＿＿＿＿＿＿
　　➡ ＿＿＿＿＿＿＿＿＿＿＿＿＿＿＿＿＿＿＿＿＿＿＿＿＿＿＿＿＿

(3) 本(父 → 私たち)
　　➡ ＿＿＿＿＿＿＿＿＿＿＿＿＿＿＿＿＿＿＿＿＿＿＿＿＿＿＿＿＿
　　➡ ＿＿＿＿＿＿＿＿＿＿＿＿＿＿＿＿＿＿＿＿＿＿＿＿＿＿＿＿＿

4 〈보기〉 みちこさん・私(パソコンの使い方を教える)
　　　　➡ みちこさんは私にパソコンの使い方を教えてくれました。

(1) 田中先生・私(日本語を教える)
　　➡ ＿＿＿＿＿＿＿＿＿＿＿＿＿＿＿＿＿＿＿＿＿＿＿＿＿＿＿＿＿

(2) 母・私(洋服を買う)
　　➡ ＿＿＿＿＿＿＿＿＿＿＿＿＿＿＿＿＿＿＿＿＿＿＿＿＿＿＿＿＿

(3) 交番の人・私と妹(道を教える)
　　➡ ＿＿＿＿＿＿＿＿＿＿＿＿＿＿＿＿＿＿＿＿＿＿＿＿＿＿＿＿＿

(4) 川田さん・私の母(車で送る)
　　➡ ＿＿＿＿＿＿＿＿＿＿＿＿＿＿＿＿＿＿＿＿＿＿＿＿＿＿＿＿＿

(5) たかしくん・私たち(珍しい料理をごちそうする)
　　➡ ＿＿＿＿＿＿＿＿＿＿＿＿＿＿＿＿＿＿＿＿＿＿＿＿＿＿＿＿＿

연습문제

5 〈보기〉 この本は難しい ➡ この本は難しそうです。

(1) このプレゼントは高くない。
➡ _____

(2) このカメラはいい。
➡ _____

(3) あの人は健康だ。
➡ _____

(4) この靴はきつい。
➡ _____

(5) そのナイフは便利じゃない。
➡ _____

6 〈보기〉 **オイルの値段が上がる ➡ オイルの値段が上がりそうです。**

(1) 授業におくれる
➡ _____

(2) 枝が折れる
➡ _____

(3) 景気がよくなる
➡ _____

(4) 電車に間に合う
➡ _____

(5) 試合で相手に負ける
➡ _____

Q&A

[1]
誕生日はいつですか。

[2]
印象深い誕生日の
エピソードがありますか。

[3]
どんなプレゼントをも
らいたいですか。

[4]
友達の誕生日にどんな
ものをあげたことがあり
ますか。

[5]
恋人にプレゼントをも
らったことがありますか。
それはどんなものですか。

[6]
誕生日に何をしたいで
すか。

作文　私の誕生日

TiP 10

そのあと : 그 뒤(에)

日曜日は友だちと映画をみました。そのあと、食事をしました。
일요일은 친구와 영화를 봤습니다. 그뒤에 식사를 했습니다.

かおにクリームをつけます。そのあと、お湯で洗いながしましょう。
얼굴에 크림을 바릅니다. 그뒤에 따뜻한 물로 닦아냅니다.

10分前に山下さんがきました。そのあと、古賀さんがきました。
10분전에 야마시타 씨가 왔습니다. 그뒤에 고가 씨가 왔습니다.

08 自己紹介

私は金英秀です。 大学の3年生です。 私はソウルで三人兄弟の三番目として生まれました。 末っ子です。 生まれてから今までずっとソウルに住んでいます。

私の趣味は音楽鑑賞と切手を集めることです。 それから私は絵をかくのも好きです。 日本語科に入ったのは日本の漫画が好きになったからです。

大学を卒業してから、日本のアニメの専門学校に入って日本のアニメについて学びたいです。 それで、今学校で日本語

자기소개

を勉強していますが、なかなかうまくなりません。はやく
上手になって流暢に話したいものです。

어휘와 문형

01 ～で～兄弟の～目として生まれる ▶ ～에서 ～ 형제의 ～ 째로 태어나다

ソウルで三人兄弟の三番目として生まれました。
서울에서 삼형제의 세 번째로 태어났습니다.

02 ～てから ▶ ～하고 나서

동작의 순서를 나타내는 표현이다.「～て」「～たから」와는 다르므로 주의하여야 한다.

歯を磨いてから、寝ます。 이를 닦고 나서 잡니다.

03 ずっと ▶ ① 쭉, 계속해서 ② 훨씬, 더

生まれてから今までずっとソウルに住んでいます。
태어나서 지금까지 쭉 서울에 살고 있습니다.

あの椅子よりこのいすのほうがずっと丈夫です。
저 의자보다 이 의자가 훨씬 튼튼합니다.

04 私の趣味は ＋ [명사 / 동사 辞書形 ＋ こと] ＋ です

私の趣味は音楽鑑賞です。 제 취미는 음악감상입니다.

私の趣味は切手を集めることです。 제 취미는 우표를 모으는 것입니다.

05 それから ▶ 그리고 나서, 그리고, 또

宿題をしました。それから映画を見ました。
숙제를 했습니다. 그리고 나서 영화를 보았습니다.

野菜を切ります。それからいためます。
야채를 자릅니다. 그리고 볶습니다.

語彙と文型

コーヒーお願いします。それからケーキもお願いします。
커피 부탁합니다. 그리고 케이크도 부탁합니다.

06 ～た / 辞書形 ＋ ～のは　～た / 辞書形 / 명사＋だ ＋ からです

日本語科に入ったのは日本の漫画が好きになったからです。
일본어과에 들어온 것은 일본만화가 좋아졌기 때문입니다.

07 それで ▶ ① 그래서　② 다음 이야기를 재촉하는 말　③ 화제를 바꿀 때 쓰는 말

病気になりました。それで、学校を休みました。
병이 났습니다. 그래서 학교를 쉬었습니다.

買い物をしすぎました。それで、お小遣いが全部なくなりました。
쇼핑을 너무 많이 했습니다. 그래서, 용돈이 전부 떨어졌습니다.

レポートを忘れました。それで、先生に怒られました。
리포트를 깜빡 했습니다. 그래서 선생님께 꾸중 들었습니다.

それでどうしましたか。
그래서 어떻게 했습니까?

それで、実は…。　그런데 실은….

08 ～たいものです ▶ ～하고 싶습니다, 희망을 나타내는 표현 (～たいなあ)

日本人と流暢に話したいものです。
일본인과 유창하게 말하고 싶습니다.

今年こそ日本を訪ねたいものです。
올해야말로 일본을 방문하고 싶습니다.

なんとかして年内に学位論文を終わらせたいものです。
어떻게 해서든지 연내에 학위논문을 끝내고 싶습니다.

08 自己紹介 71

연습문제

다음 문장을 보기와 같이 바꿔 봅시다.

1

〈보기〉 お茶をさます・飲む ➡ お茶をさまします。それから飲みます。
　　　　　　　　　　　　　お茶をさましてから飲みます。
　　　　　　　　　　　　　お茶をさましたあとで、飲みます。

　(1) 予習する・授業に出る
　　　➡ _____

　(2) 復習する・テレビを見る
　　　➡ _____

　(3) ホイッスルがなる・試合を始める
　　　➡ _____

　(4) 食事をする・会議をする
　　　➡ _____

　(5) シャンプーをする・ヘアパックをする
　　　➡ _____

ドリル

다음 주어진 문장에 맞게 적당한 말을 연결해 봅시다.

2 _____ てから _____ はじめました

(1) 子供を生む　　　　・　　　　・ 薬を飲む
(2) 日本語の勉強をする ・　　　　・ 小説を書く
(3) 病気になる　　　　・　　　　・ 太る
(4) 仕事を辞める　　　・　　　　・ 日本のドラマを見る

다음 문장을 보기와 같이 바꿔 봅시다.

3 〈보기〉 病気になる・学校を休む ➡ 病気になりました。それで、学校を休みました。
　　　　　　　　　　　　　　　　　病気になって、学校を休みました。
　　　　　　　　　　　　　　　　　病気で、学校を休みました。

(1) 火事が起こる・家が焼ける
　➡

(2) 大雨が降る・洪水になる
　➡

(3) 地震が起こる・ガラスが割れる
　➡

08 自己紹介 73

연습문제

(4) 事故が起こる・人がけがをする
　➡ _____

(5) 雨が降る・服がぬれる
　➡ _____

4　〈보기〉 雷が落ちる・木が燃える ➡ 雷が落ちました。それで、木が燃えました。
　　　　　　　　　　　　　　　　　➡ 雷が落ちて、木が燃えました。

(1) 年をとる・体が弱くなる
　➡ _____

(2) 宿題を忘れる・先生にしかられる
　➡ _____

(3) 引越しをする・交通が便利になる
　➡ _____

(4) 服を買う・お金がなくなる
　➡ _____

ドリル

5 〈보기〉 私の趣味・切手を集める ➡ 私の趣味は切手を集める<u>こと</u>です。

(1) 弟の特技・サッカをする
   ➡ _____

(2) 朴さんの趣味・写真をとる
   ➡ _____

(3) 妹の特技・スノーボードをする
   ➡ _____

(4) 先生の趣味・絵をかく
   ➡ _____

6 〈보기〉 日本語科に入りました・日本の漫画が好きになりました
   ➡ 日本語科に入った<u>の</u>は、日本の漫画が好きになった<u>から</u>です。

(1) 授業を休みました・風邪を引きました
   ➡ _____

(2) 成績が下がりました・勉強しませんでした
   ➡ _____

(3) 客が来ません・サービスが悪いです
   ➡ _____

(4) 旅行に参加しません・お金がありません
   ➡ _____

(5) 道が込んでいます・工事中です
   ➡ _____

08 自己紹介 75

Q&A

[1] あなたはいつ、どこで生まれましたか。

[2] 大学生ですか、会社員ですか。

[3] 大学生 ― どんな勉強をしていますか。
会社員 ― どんな仕事をしていますか。

[4] 血液型は何型ですか。

[5] 一番幸せな時はいつですか。

[6] 好きなことは何ですか。

[7] 将来何がしたいですか。

作文 自己紹介をします。

TiP 11

ずっと : 쭉, 줄곧 (계속을 나타낸다.)

英語は小学生の頃からずっとしています。
영어는 초등학생 때부터 쭉 하고 있습니다.

大学を卒業しても日本語の勉強はずっとつづけたいです。
대학을 졸업해도 일본어 공부는 계속하고 싶습니다.

沖縄旅行の思いではずっとわすれられません。
오키나와 여행의 추억은 늘 잊을 수 없습니다.

漢字の書き方をずっと間違えて覚えていました。
한자 쓰기를 이제까지 틀리게 외우고 있었습니다.

09 お酒のはなし

先週、飲み会があった。

お酒は苦手だけど、飲む雰囲気は好きだ。

1次会はビールを飲んだ。それから2次会は日本酒と泡盛(あわもり)を飲んだ。

先輩が飲みすぎて酔ってしまった。足がふらふらだった。

술 이야기

先輩は夜、庭の犬小屋で寝てしまったと言っていた。
洋服には犬の毛がたくさんついていた。

어휘와 문형

01 普通体

동사

行きます – 行く　　　　　行きません　– 行かない
行きました – 行った　　　行きませんでした – 行かなかった
行っています – 行っている　行っていません – 行っていない
行っていました – 行っていた　行っていませんでした – 行っていなかった

い형용사

寒いです – 寒い　　　　　寒くありません – 寒くない
寒かったです – 寒かった　寒くありませんでした – 寒くなかった

な형용사

元気です – 元気だ　　　　元気じゃありません – 元気じゃない
元気でした – 元気だった　元気じゃありませんでした – 元気じゃなかった

명사

学生です – 学生だ　　　　学生じゃありません – 学生じゃない
学生でした – 学生だった　学生じゃありませんでした – 学生じゃなかった

02 동사 ます形＋すぎる　▶ 지나치게 ~하다

보통보다 많은 것, 심한 것을 표현한다

小林さんは毎日残業します。働きすぎです。
고바야시 씨는 매일 야근합니다. 일을 너무 많이 합니다.

牛丼を２人前たべた。たべすぎた。
규동을 2인분 먹었다. 너무 많이 먹었다.

古川さんはお酒をのみすぎて病気になった。
후루카와 씨는 술을 너무 많이 마셔서 병에 걸렸다.

語彙と文型

日曜日に運動をし**すぎて**足が痛いです。
일요일에 운동을 너무 많이 해서 다리가 아픕니다.

お母さんがお弁当を作ってくれるし、部屋の掃除もしてくれます。楽をし**すぎです**。
엄마가 도시락을 싸 주고, 방 청소도 해 줍니다. 지나치게 편하게 지냅니다.

03 동사＋てしまう　▶ ~해 버리다

의도적으로 하지 않은 행동에 대해서 후회나 유감스러운 기분을 표현한다

疲れていたので電車の中で寝**てしまった**。
피곤해서 전차 안에서 자 버렸다.

知らないで古い牛乳をのん**でしまった**。
모르고 오래된 우유를 마셔 버렸다.

宿題を家においてき**てしまった**。
숙제를 집에 두고 왔다.

友達の日記をよん**でしまった**。
친구의 일기를 읽었다.

연습문제

1 다음 문장을 내용에 맞게 연결하시오.

(1) 毎晩、友達とあそびます。　　•　　　　•　着すぎです。

(2) カラオケで20曲もうたいました。　•　　•　遊びすぎです。

(3) 寒くて洋服を8枚も着ています。　•　　•　うたいすぎてのどがいたいです。

(4) 一日5時間もします。目が悪くなりました。　•　　•　ゲームをしすぎです。

2 다음 밑줄 친 부분을「普通体」로 바꾸시오.

(1) 今年の冬は<u>暖かいです</u>。
　➡ _____

(2) この犬は<u>メスです</u>。
　➡ _____

(3) 先週はずっと天気が<u>よかったです</u>。
　➡ _____

(4) くるまが<u>ほしいです</u>。
　➡ _____

(5) 春の海は<u>おだやかです</u>。
　➡ _____

(6) お金には興味が<u>ありません</u>。
　➡ _____

(7) 来年、ローマにいく<u>つもりです</u>。
　➡ _____

(8) 近所の温泉に<u>いってきました</u>。
　➡ _____

ドリル

3 다음 문장을 보기와 같이 바꿔 봅시다.

〈보기〉 弟のおかしを<u>たべる</u> ➡ たべてしまいました。

(1) 彼のひみつをともだちに<u>はなす</u> ➡ _____

(2) 皿を<u>わる</u> ➡ _____

(3) さいふを<u>なくす</u> ➡ _____

(4) かぎを<u>おいてくる</u> ➡ _____

(5) 電車が<u>いく</u> ➡ _____

4 밑에 제시된 동사 중에서 적당한 말을 골라「＋てしまう」의 형태로 바꾸어 (　)안에 써 넣으시오.

〈보기〉 A：はい、撮りますよ。チーズ！
　　　 B：あっ！目を（つぶってしまいました）。

(1) A：ダイエットしているんですか？
　　 B：はい、5キロも（　　　　　　　）。

(2) A：この本おもしろいですよ、かしてあげましょうか？
　　 B：いいえ、それはもう先月（　　　　　　　）。

(3) A：足どうしたんですか？
　　 B：階段から（　　　　　　　）。

(4) A：このノートよごれていますね。
　　 B：コーヒーを（　　　　　　　）。

(5) A：顔色が悪いですね。
　　 B：ええ、お酒を朝まで（　　　　　　　）。

おちる　　かく　　こぼす　　のむ　　よむ　　ふとる　　［例：つぶる］

Q&A

[1] お酒はすきですか。

[2] どんな人とよく飲みにいきますか。

[3] 飲み会によく行く方ですか。

[4] 飲みすぎたことがありますか。

[5] 飲みすぎて失敗したことがありますか。

作文　お酒について書いてみましょう！

TiP 12

それから：그리고 나서 (앞 문장이 다음 행동을 나타낸다.)

野菜をきります。**それから**かるくいためます。
야채를 자릅니다. 그리고 나서 가볍게 볶습니다.

アルバイトをしてお金をためます。**それから**留学します。
아르바이트를 해서 돈을 모으겠습니다. 그리고 나서 유학 가겠습니다.

10 お気に入りの時間

私の一番好きな時間は夕方6時から7時です。

なぜならこの時間は一人でゆっくり過ごせる時間だからです。

友達や恋人と過ごす時間もいいけど、一人で過ごす時間も私は好きです。

例えば仕事のあとで、一人でカフェに行ったりします。

마음에 드는 시간

コーヒーを飲みながら雑誌を読んだり、MP3でお気に入りの音楽を聞いたりします。心がやすらぎます。忙しい一日のあとで、自由に過ごすこの時間が私は好きです。

어휘와 문형

01 なぜなら～からです ▶ 앞의 문장의 이유·원인을 말한다

(○) 公園に人がたくさん集まっています。なぜならコンサートがあるからです。
공원에 사람이 많이 모여 있습니다. 왜냐하면 콘서트가 있기 때문입니다.

(○) 新幹線の料金がいつもより高いです。なぜなら年末年始の料金だからです。
신칸센의 요금이 평소보다 비쌉니다. 왜냐하면 연말연시의 요금이기 때문입니다.

(×) 国道1号線は大渋滞です。なぜならお花見のシーズンです。
☞（シーズンだからです。）
국도 1호선은 매우 붐빕니다. 왜냐하면 꽃놀이 시즌입니다. ☞ (시즌이기 때문입니다.)

02 例えば ▶ 구체적인 예를 든다

週末は運動をします。例えば、太極拳をしたり、泳いだり、テニスをしたりします。
주말에는 운동을 합니다. 예를 들면, 태극권을 하기도 하고, 수영을 하기도 하고, 테니스를 치기도 합니다.

時々、図書館に行きます。例えば、勉強したり、DVDをみたり、漫画本をよんだりします。
때때로, 도서관에 갑니다. 예를 들면, 공부를 하기도 하고, DVD를 보기도 하고, 만화책을 읽기도 합니다.

日本には温泉がたくさんあります。例えば、伊豆、草津、別府などが有名です。
일본에는 온천이 많이 있습니다. 예를 들면, 이즈, 쿠사쯔, 벳푸 등이 유명합니다.

私の母は料理が上手です。例えば、肉じゃが、シチュー、ぎょうざが特においしいです。
우리엄마는 요리를 잘합니다. 예를 들면, 고기, 시츄, 교자가 특히 맛있습니다.

語彙と文型

03 동사가능형

動詞1グループEる, 動詞2・3グループられる ＝ 동사 辞書形＋ことができる

동사1グループ	Eる：すごす－すごせる(すごsu－すごsEる)
동사2グループ	られる：みる－みられる、たべる－たべられる
동사3グループ	られる：する－できる、くる－こられる

04 この＋명사

① 「この」에서 가리키는 것이 앞 문장의 것, 대상을 그대로 받을 때
② 가리키는 대상을 바꿔 말할 때

私はカフェ「りん」によく行く。 この店(×その店)の雰囲気が大好きだ。
나는 카페 「링」에 자주 간다. 이 가게(×그 가게) 분위기를 매우 좋아한다.

「泣く子は育つ」。 この言葉(×その言葉)は「大きな声で泣く赤ちゃんは元気が良い」という意味です。
「泣く子は育つ」. 이 말 (×그 말)은 「큰 소리로 우는 아이는 건강하다」라는 의미입니다.

田中君はおとなしい人だった。 その人(×この人)がお笑い芸人になってびっくりした。
다나카 군은 점잖은 사람이었다. 그 사람(×이 사람)이 코미디언이 되어서 깜짝 놀랐다.

이와 같이 앞의 문 「おとなしい田中君」과 뒤의 문 「お笑い芸人」이 역설 관계로 연결되었을 경우 「その」를 사용한다.

연습문제

다음 문장을 내용에 맞게 연결하시오.

1　(1)　店の前に人がたくさんならんでいます。　・　　　・　なぜなら高速道路で事故があったからです。

　　(2)　飛行機の時間が遅れます。　・　　　・　なぜならお昼の定食が500円だからです。

　　(3)　あの店はお昼はいつも混んでいます。　・　　　・　なぜなら大バーゲン中だからです。

　　(4)　バスがなかなか来ません。　・　　　・　なぜなら天気が悪いからです。

2　(1)　明日は家にいるつもりです。　・　　　・　例えば、温泉に入ったり、お土産を買ったりしたいです。

　　(2)　毎週、スポーツジムに行きます。　・　　　・　例えば、一緒に映画をみたり、買い物をしたりします。

　　(3)　旅行に行きます。　・　　　・　例えば、泳いだり、ヨガをしたりします。

　　(4)　休日、友達と遊びます。　・　　　・　例えば、テレビをみたり、本を読んだりします。

다음 문장을 동사의 활용형 중 가능형으로 바꾸시오.

3　(1)　自転車にのることができますか。
　　　➡ _____

　　(2)　イタリア語をはなすことができます。
　　　➡ _____

ドリル

(3) どのくらいおよぐことができますか。
　➡ _____

(4) 英語で手紙をかくことができません。
　➡ _____

(5) この本はコピーすることができません。
　➡ _____

4　아래에서 적당한 동사를 골라 가능형으로 바꾸어 (　)안에 써 넣으시오.

〈보기〉 Q：特技は何ですか？
　　　 A：英会話が（できます）。

(1) Q：プールへいきませんか？
　　 A：すみません、全然（　　　　　　　）。

(2) Q：乾杯のあいさつおねがいします。
　　 A：すみません、人前ではうまく（　　　　　　　）。

(3) Q：ＤＶＤプレイヤーをかったんですか？
　　 A：ええ、これで家でＤＶＤが（　　　　　　　）。

(4) Q：ここは禁煙ですか？
　　 A：はい、このビルの中でたばこは（　　　　　　　）。

(5) Q：お酒すきですか？
　　 A：いいえ、まったく（　　　　　　　）。

　　たべる　みる　のむ　およぐ　はなす　すう　［例：する］

10 お気に入りの時間　91

Q&A

[1]
一日の中で何をしている時がたのしいですか。

[2]
一日の中で何時ごろがすきですか。

[3]
どうしてすきですか。

[4]
誰といるときがたのしいですか。

[5]
一人で過ごす時間が好きですか？

[6]
一番心安らぐときはどんなときですか？

作文 「お気に入りの時間」についてかいてみましょう！

TiP 13

なぜなら～からです : 왜냐하면 ~때문입니다.
(앞의 문장의 이유·원인을 말한다.)

大渋滞です。なぜならドームで野球の試合があるからです。
정체가 심합니다. 왜냐하면 야구장에서 야구 시합이 있기 때문입니다.

新幹線の料金がいつもより高いです。なぜなら年末年始の料金だからです。
신칸센 요금이 다른 때보다 비쌉니다. 왜냐하면 연말연시 요금이기 때문입니다.

11 休みの計画

来週からやすみだ。時間があるから旅行にいきたい。

それで一度、沖縄へいってみようと思う。

まだ一度も行ったことがない。

６月は安くいけるそうだ。

友達といこうと思う。

エメラルドグリーンの海で泳いだり、スキューバダイビングをしよう。

휴가 계획

熱帯魚と一緒に泳げるそうだ。

そして、夜は友達と泡盛を飲もうと思う。

まず、新しい水着を買おう。

어휘와 문형

01 동사의지형 ▶ 의지를 나타낸다

動詞1group	0う : かく-かこう、いく-いこう
動詞2group	よう : みる-みよう、たべる-たべよう
動詞3group	する-しよう、くる-こよう

成績が悪くなったので今度はもっと日本語をべんきょうしよう。
성적이 나빠졌기 때문에 이번에는 일본어를 더욱더 공부해야지.

夏までに3キロダイエットをしよう。
여름까지 3킬로그램 다이어트를 해야지.

冬休みに運転免許をとろう。
겨울방학에 운전면허를 따야지.

来年はかならず就職しよう。
내년에는 반드시 취직하자.

車にのらないでもっとあるこう。
차를 타지 말고 더 걷자.

02 의지형 + と思う ▶ 의지를 약하게 표현할 때 사용한다

お金があったら日本へ留学しようと思う。
돈이 있으면 일본에 유학하려고 생각한다.

時間があったら英語も勉強しようと思う。
시간이 있으면 영어도 공부하려고 생각한다.

明日は友達とテニスをしようと思う。
내일은 친구와 테니스를 치려고 생각한다.

家族で温泉旅行に行こうと思う。
가족과 온천여행을 가려고 생각한다.

語彙と文型

03　一度も 동사+たことがない　▶ 한번도 ~한 경험이 없다, 전혀 경험이 없다

トルココーヒーを一度も飲んだことがない。
터키 커피를 한번도 마신 적이 없다.

バイクを一度も運転したことがない。
오토바이를 한번도 운전한 적이 없다.

きものをまだ一度もきたことがない。
기모노를 아직 한번도 입은 적이 없다.

神戸牛のおいしさをまだ一度も味わったことがない。
고베소의 맛을 아직 한번도 맛 본 적이 없다.

04　まず　▶ 우선

순서를 나타내는 말을 쓰면 문장이 통일되고 읽기 편하다.
「まず:우선, 次に:다음에, それから:그리고나서, さいごに:마지막으로」 등을 집어 넣어 문을 만들어 보자.

地震の時はまずガスをけしましょう。
지진 때는 우선 가스를 잠급시다.

切符の買い方。まず、ボタンをおして、つぎにお金をいれてください。
표를 사는 방법. 우선, 버튼을 누르고, 다음에 돈을 넣어 주세요.

まずチケットを予約して、それからホテルをさがしました。
우선 티켓을 예약하고, 그리고 나서 호텔을 찾습니다.

연습문제

1 다음 동사의 「ます形」을 의지형으로 바꾸시오.

(1) あるきます ➡ _____　　(2) いそぎます ➡ _____

(3) あそびます ➡ _____　　(4) 乗ります ➡ _____

(5) まちます ➡ _____　　(6) はなします ➡ _____

(7) ねます ➡ _____　　(8) みつけます ➡ _____

(9) やせます ➡ _____　　(10) いってきます ➡ _____

(11) そうじをします ➡ _____　　(12) 出席します ➡ _____

다음 문장을 보기와 같이 바꿔 봅시다.

2 〈보기〉 夏休みは何をしますか。（海へ行きます）➡ 海へ行こうと思います。

(1) 日曜日は何をしますか。（うちでやすみます）
➡ _____

(2) 連休は何をしますか。（レポートを書きます）
➡ _____

(3) 今晩何をしますか。（映画をみます）
➡ _____

(4) 卒業したら何をしますか。（日本語の先生になります）
➡ _____

3 다음 문장을 내용에 맞게 연결하시오.

(1) 露天風呂に一度も　　・　　　　・ のんだことがない

(2) 冷酒を一度も　　　　・　　　　・ 体験したことがない

(3) スノーボードを一度も ・　　　　・ のぼったことがない

(4) 富士山へ一度も　　　・　　　　・ したことがない

(5) 零下40度を一度も　　・　　　　・ はいったことがない

Q&A

[1]
夏(冬)休みは何をして過ごしたいですか。

[2]
どこへ行こうと思いますか。

[3]
誰と過ごそうと思いますか。

[4]
何を食べたり 飲んだりしたいですか。

作文 「○○の計画」というタイトルで作文を書いてみよう！

TiP 14

まず：우선 (순서를 나타내는 말을 쓰면 문장이 통일되고 읽기 편하다.)

▶ **つぎに**：다음에　**それから**：그리고 나서　**さいごに**：마지막으로

まず、相手の都合をききましょう。それから、用件をはなしましょう。
우선, 상대의 형편을 들어봅시다. 그리고 용건을 이야기합시다.

味付けの順番はまず砂糖をいれましょう。次に塩、さいごにしょうゆをいれます。
맛을 내는 순서는 우선 설탕을 넣읍시다. 다음에 소금, 마지막으로 간장을 넣습니다.

12 韓国の紹介文

ソウルの観光名所を紹介します。ソウルを代表する夜景の名所と言えば63ビルです。最上階にはソウル市内を見渡せるレストランがあります。夜景が最高です。バーでお酒を飲むのもいいでしょう。他には有名レストラン、水族館などもあります。水族館は子供たちに人気があります。

한국의 소개문

また、韓国と言えばおいしい料理です。私は冷麺が好きです。冷たい麺料理ですが、夏でも冬でもおいしいです。辛くなくて、あっさりした味です。辛いものが苦手な人でも食べられます。

어휘와 문형

01　～を代表する(명사)といえば(명사)です
▶ ~을 대표하는 (명사)은 (명사)입니다

タイを代表する食べ物といえばトムヤンクンです。
태국을 대표하는 음식은 톰양쿤입니다.

ベトナムを代表する服といえばアオザイです。
베트남을 대표하는 옷은 아오자이입니다.

日本を代表するスポーツといえばすもうです。
일본을 대표하는 스포츠는 스모입니다.

日本を代表するスポーツ選手といえばイチローです。
일본을 대표하는 스포츠 선수는 이치로입니다.

02　동사辞書形＋のもいいでしょう　▶ ~것도 좋겠죠

여러가지 중에서 하나를 권한다.

かぜの時はみかんをたべるのもいいでしょう。
감기에 걸렸을 때는 귤을 먹는 것도 좋겠죠.

旅行は恋人と行くのもいいですが、友達といくのもいいでしょう。
여행은 연인과 가는 것도 좋지만, 친구와 가는 것도 좋겠죠.

つかれた時はあまいものをたべるのもいいでしょう。
지쳤을 때는 단 것을 먹는것도 좋겠죠.

海外旅行はゆっくり船でいくのもいいでしょう。
해외여행은 천천히 배로 가는 것도 좋겠죠.

03　他には　▶ 그 외에, 그 밖에

그 외의 것을 예로 든다.

すし、さしみ、てんぷら、そば、他には和菓子も食べたいです。
초밥, 회, 튀김, 국수, 그 외의 일본과자도 먹고 싶습니다.

語彙と文型

このホテルは英語、日本語、中国語、他にはフランス語、スペイン語も使えます。
이 호텔은 영어, 일본어, 중국어, 그 밖에 불어, 스페인어도 사용할 수 있습니다.

他には質問ありませんか。
그 외에 질문없습니까?

04 人気がある ▶ 인기가 있다

人気がある − 人気がない
자주 틀리는 표현　　(×) 人気が多い
　　　　　　　　　　(×) 人気が少ない ((○)人気があまりない)

05 명사＋でも　명사＋でも ▶ ～라도 ～라도

복수의 예를 들고, 「그 종류에 속하는 것은」이라는 가정의 의미가 있다.

英語でも中国語でも外国語の勉強は大変です。
영어도 중국어도 외국어 공부는 힘듭니다.

夏休みは国内でも海外でも旅行にいくつもりだ。
여름방학에는 국내나 외국이나 여행하러 갈 생각입니다.

クラシックでもロックでも音楽をきくのがすきです。
클래식이나 락이나 음악을 듣는 것을 좋아합니다.

パーティー会場には地下鉄有楽町線でもJR山手線でもいけます。
파티회장에는 지하철 유라쿠쵸선으로도 JR야마노테선으로도 갈 수 있습니다.

연습문제

1 (　)에 들어갈 가장 적당한 말을 골라 넣으시오.

(1) 大阪に行くんですが、何がおいしいですか？
　　大阪を代表する（　　　　　）といえばたこ焼きですよ。

(2) どんな本が面白いですか？
　　日本を代表する（　　　　　）といえば村上春樹、彼のがいいですよ。

(3) 日本旅行をするんですが、どこがいいですか？
　　日本を代表する（　　　　　）といえば京都ですよ。

(4) どんな映画が面白いですか？
　　日本を代表する（　　　　　）といえば北野武、彼の作品は面白いですよ。

(5) 大阪から東京まで何でいったらいいですか。
　　日本を代表する（　　　　　）といえば新幹線、速くて、便利ですよ。

(6) 東京で何か観たいんですが何がいいですか。
　　日本を代表する（　　　　　）といえば歌舞伎ですよ。

(7) 韓国では何をよく飲むんですか？
　　韓国を代表する（　　　　　）といえば焼酎ですよ。

　　乗り物　漫画　食べ物　観光地　映画監督　伝統芸能　飲み物　小説家

2 아래에서 골라, 「～もいいでしょう」의 형태로 바꾸어 답하시오.

(1) 京都へ行ったら、（　　　　　　　　）

(2) 落ち込んだ時は、（　　　　　　　　）

(3) 休日は（　　　　　　　　）

(4) バレンタインは彼氏のために（　　　　　　　　）

(5) 授業中、どうしても眠たいときは（　　　　　　　　）

　　一日中寝る　ガムをかむ　せーたーをあむ　カラオケに行く　お寺に泊まる

ドリル

3 아래에서 (　)에 들어갈 적당한 말을 골라 넣으시오.

(1) A：暇だね、映画でもみようか。
　　B：いいよ、（　　　　　　　）見よう！

(2) A：どうやって本屋まで行く？
　　B：（　　　　　　　）行けるよ。

(3) A：ヨーグルトたべる？これ、おいしいよ。
　　B：（　　　　　　　）乳製品は食べられない。

(4) A：明日、天気よくないみたいだけど、ピクニック行く？
　　B：うん、（　　　　　　　）絶対行く。

(5) A：どっちの方が似合うかな？
　　B：そのシャツ、（　　　　　　　）似合うよ。

(6) A：すみません、ここは何を書くんですか？
　　B：（　　　　　　　）かまいません。

(7) A：京都はいつがきれいですか？
　　B：夏はとっても暑いですが、（　　　　　　　）きれいですよ。

(8) A：このバイク高校生でも乗れますか？
　　B：ミニバイクは（　　　　　　　）、体重30キロ以上なら大丈夫です。

(9) A：あの、何で払えばいいですか？
　　B：小切手は困りますが、（　　　　　　　）いいです。

雨でも雪でも　　カードでも現金でも　　牛乳でもチーズでも
中学生でも小学生でも　　ホラーでもアクションでも　　春でも秋でも
グレーでもオレンジでも　　バスでも地下鉄でも　　サインでも印鑑でも

Q&A

[1] 韓国を代表する観光地はどこですか。

[2] 韓国を代表する料理は何がありますか。

[3] 日本人の友達に紹介したい韓国料理は何ですか。

[4] 日本人の友達に紹介したいところはどこですか？

[5] そこには何がありますか？

[6] そこはいつ頃行くと一番いいですか？(春、夏、秋、冬、朝、夜…)

作文 「韓国の紹介文」

あなたがいいと思う韓国を紹介してみましょう。

TiP 15

ほかには：그 외에 (그 외의 것을 예로 든다.)

ビザを作るには写真、パスポート、書類、他には何が必要ですか。
비자를 받으려면 여권, 서류 그 외에 무엇이 필요합니까?

温泉で有名なところは伊豆、草津、別府、他には箱根も有名です。
온천으로 유명한 곳은 이즈, 구사츠, 벳푸, 그 외에 하코네도 유명합니다.

13 年賀状を書こう（はがきを書く）

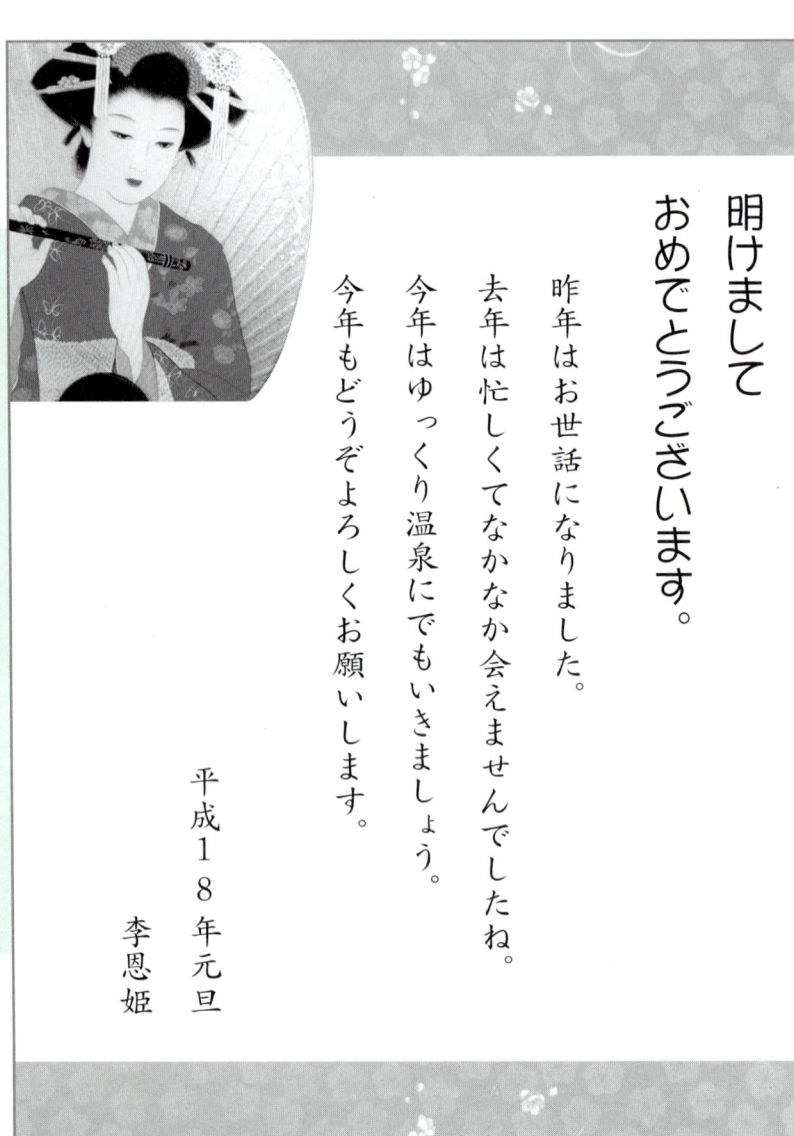

明けましておめでとうございます。
昨年はお世話になりました。
去年は忙しくてなかなか会えませんでしたね。
今年はゆっくり温泉にでもいきましょう。
今年もどうぞよろしくお願いします。

平成１８年元旦

李恩姫

연하장을 쓰자(엽서를 쓰다)

연하장 쓰는 법

01 年賀状の書き方 (연하장 쓰는 법)

① 신년인사를 쓴다.

明けましておめでとうございます。
새해 복 많이 받으세요.

新年おめでとうございます。
새해 복 많이 받으세요.

다른 표현으로
賀正、謹賀新年、迎春、賀春、初春이라고 써도 된다.

② 지난 해의 감사를 쓴다.

昨年は色々ありがとうございます。
작년에는 여러 가지 감사했습니다.

去年は大変お世話になりました。
작년에는 대단히 신세 많이 졌습니다. (去年=昨年)

旧年中はお世話になりましてありがとうございました。
작년에는 신세 많이 지고 감사했습니다.

③ 작년 1년 동안의 일, 올해 하고 싶은 일, 지금 하고 있는 일을 쓴다.

お互い忙しいですが、たまにはあってゆっくり飲みましょう。
서로 바쁘지만, 가끔씩은 만나서 한가하게 (술) 마십시다.

今年は大阪に転勤になるみたいです。大阪に遊びに来てくださいね。
올해 오사카에 전근을 가게 될 것 같습니다. 오사카에 놀러오세요.

引越しました。近くまでお出かけの際は寄って下さい。
이사했습니다. 근처에 오시면 들러주세요.

④ 올해의 희망, 인사를 쓴다.

今年もどうぞよろしくお願いします。
올해도 잘 부탁합니다.

年賀状の書き方

本年もどうぞ宜しくお願い申し上げます。
올해도 잘 부탁드립니다.

今年もがんばりますので、どうぞよろしくお願いいたします。
올해도 열심히 하겠습니다. 잘 부탁드립니다.

⑤ **년 월 일**
　　平成〜年/20〜年　　元旦/一月一日

⑥ 주소를 쓴다.

⑦ 상대방 주소를 엽서 앞면에 쓴다.

⑧ 본인주소는 엽서 뒷면에 써도 되고 앞면에 써도 된다.

02　日本の干支(えと ▶ 띠)

연하장에는 新年의 띠를 그리기도 한다.
한국과 같이 12干支(띠)이지만, 한국과 일본은 나타내는 동물이 다른것도 있다. 어느 동물일까요?
또, 「いぬ」는 「犬」라고는 쓰지 않는다. 「戌」로 쓰고, 띠(干支)는 보통과는 다른 한자를 사용하기 때문에 주의해야 한다.

03　日本の十二支(じゅうにし)

干支한자와 읽는 방법, 평상시 많이 쓰는 한자

　　子(ね：ねずみ・鼠) 쥐　　　　丑(うし：牛) 소
　　寅(とら：虎) 호랑이　　　　　卯(う：うさぎ・兎) 토끼
　　辰(たつ：りゅう・竜) 용　　　巳(み：へび・蛇) 뱀
　　午(うま：馬) 말　　　　　　　未(ひつじ：羊) 양
　　申(さる：猿) 원숭이　　　　　酉(とり：鳥・鶏) 닭
　　戌(いぬ：犬) 개　　　　　　　亥(い：いのしし・猪) 돼지

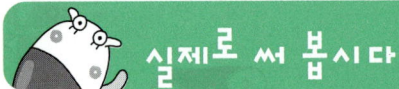

年賀状をかいてみましょう！

謹賀新年

Memo

14 手紙をかく（お礼状）

박 씨는 방학에 일본인 가정에서 홈스테이를 했습니다.
호스트패밀리의 어머니에게 감사의 편지를 썼습니다.

拝啓

　寒い日が続きますが、お元気ですか。
　日本滞在中は大変お世話になりました。
　毎日、おいしい手料理を作っていただいたり、色々なところを案内していただいたり、本当にありがとうございました。
　皆様のおかげでとてもたのしい旅行となりました。
　ご親切に対しもう一度深くお礼を申し上げます。ご家族の皆様にもどうぞよろしくお伝えください。

편지를 쓰다(감사장)

　それでは、まだまだ寒い日が続きますがお体にお気をつけ下さい。

敬具

平成18年2月7日

朴真聖

田中美代様

어휘와 문형

01 「お」「ご」+ 名詞 ▶ 명사 앞에 「お」나 「ご」를 붙여서 정중하게 한다

お 和語에 붙고, 미화어를 만들 경우에도 붙인다.
お体、お礼、お世話、お話し、お祝い、お子様、お誕生日、お電話

ご 漢語에 쓰인다.
ご親切、ご家族、ご両親、ご夫婦、ご兄弟、ご説明、ご紹介、ご連絡、ご招待

02 ～ていただく ▶ 「～てもらう」의 정중한 표현

ホストファミリーのお母さんに日本料理を作っていただきました。
호스트패밀리의 어머니가 일본요리를 만들어 주셨습니다.

先生に日本語を教えていただきました。
선생님께서 일본어를 가르쳐 주셨습니다.

友達に車で送っていただきました。(×)
(友達だから「おくってもらいました」(○))
친구가 차로 바래다 주셨습니다.(×) (친구이기 때문에 「바래다 주었습니다」(○))

03 な形容詞な / 名詞の / ～た + おかげで ▶ 좋은 결과일 때 쓴다

先生のおかげで日本語が上手になった。
선생님 덕분에 일본어를 잘하게 되었다.

漢方のおかげで体が丈夫になった。
한방 덕분에 몸이 건강해졌다.

友達が引越しをてつだってくれたおかげで早く終わった。
친구가 이사를 도와 준 덕분에 빨리 끝났다.

편지쓰는 법

01 쓰는 법 : 손윗사람에게 편지 쓰는 경우

> ① 「拝啓」라는 말로 시작한다.
> ② 계절인사
> ③ 상대의 안부를 묻는다.
> ④ 본문
> ⑤ 상대의 건강을 기원한다.
> ⑥ 「敬具」로 본문을 끝낸다.
> ⑦ 편지 쓴 날
> ⑧ 본인 이름
> ⑨ 상대 이름 (편지받는 사람의 이름)

02 手紙の文の例(편지의 예문)

① 계절인사

春 さくらも咲いて、春がやってきました。
벚꽃도 피고 봄이 다가왔습니다.

暖かい春らしい季節になりました。
따뜻한 봄다운 계절이 되었습니다.

夏 暑さも厳しくなってきました。
더위도 심해졌습니다.

八月も終わりなのに、暑い日がつづきます。
8월도 끝나가는데 더운 날이 계속되고 있습니다.

秋 秋も深まってきました。
가을도 깊어지고 있습니다.

気持のいい秋の日がつづいています。
기분 좋은 가을 날이 계속되고 있습니다.

冬 毎日寒い日が続きます。
매일 추운 날이 계속됩니다.

春はまだ遠く、厳しい寒さが続きます。
봄은 아직 멀었고, 혹독한 추위가 계속됩니다.

편지쓰는 법

② 상대방의 안부를 묻는다.

いかがおすごしでしょうか。
어떻게 지내고 계신지요.

皆様、お変わりありませんか。
모두 별일 없으십니까?

お元気ですか。
잘 지내고 계세요?

③ 상대방의 건강을 묻는다.

どうぞお元気でおすごしください。
건강하게 지내세요.

暑い日が続きますが、お元気でお過ごしください。
더운 날이 계속되므로 건강하게 지내세요.

寒い日が続きますが、お体にご注意ください。
추운 날이 계속되므로 몸조심하세요.

03 주소 쓰는 법 (한국에서부터 일본에 편지 쓸 때)

한자나 알파벳으로 적는다.
한자를 쓸 경우는 한국어와 같은 순서로 적어도 좋다.

① 봉투 겉에 상대방의 주소, 이름을 쓴다.

- 우편번호를 쓴다.

  郵便番号 마크 ➡ 〒 (지금은 우편번호가 7개의 숫자이다)

  〒150-0011 (제일 위에 적는다.)

手紙の文の例

- 日本国、**JAPAN**이라고 빨간색으로 적거나, 빨간 선을 그어도 좋다.

　　　日本国、JAPAN

- 航空便、**by air mail**이라고 제일 밑에 적는다.

　　〒150-0011　　（郵便番号）
　　　日本国　東京都渋谷西1－23－22　　（住所）
　　　　江口　かよこ様　　（이름＋さま）
　　　　　　By air mail

② 봉투 뒷면에 편지쓰는 사람의 주소를 적는다.

　　〒330-180
　　　大韓民国（South-Korea）
　　　天安市安棲洞山98-20
　　　祥明大学校　日本語日本文学科　　（주소）

　　　　　　　　　　　　　　　　　　田渕咲子
　　　　　　　　　　　　　　　　（편지를 보내는 사람 이름）

 실제로 써 봅시다

手紙をかこう！ おせわになっている方へお礼状の手紙をかいてみましょう！

Memo

15 Eメールをかこう

(1) 知り合いへ

山下です。

こんにちは。久しぶりです。

辻さん、元気ですか。

私は台湾に遊びに行ってきました。

写真添付しますね。

そうそう、今度の休みに「美女と野獣」ミュージカルを見に

いきませんか。

時間、場所は下をみてください。

http://www.kohannouso.com/

では、連絡ください。

山下ちえ　　　tieyama@yabb.co.jp

E-메일을 쓰자

(2) 親しい友達へ

ちえです。

こんにちは。久しぶり。

ひろくん、元気？

台湾に遊びに行ってきた。

写真添付するね。

ねーねー、今度の休みに「美女と野獣」ミュージカルを見にい

かない？

時間、場所は下をみて。

http://www.kohannouso.com/

じゃ、連絡ちょうだい。

山下ちえ　　tieyama@yabb.co.jp

Eメールをかこう

(3) ビジネスメール

三田商事　事業部　海外事業担当　田島孝男 様

いつもお世話になっております。

海運商事、営業部の川田です。

研修会の件です。

第56回研修会のご案内です。

来月1月7日に以下の研修会を行いますのでお知らせします。

ご出席を心よりお待ちいたしております。

　日時：2006年1月7日

　会場：○○国際会館(1号館1階)

　内容：講習とディスカッション

E-메일을 쓰자

申し込み：氏名、所属を記入し、Ｅメールまたはファックスで下記の問い合わせ先までお申し込みください。

お問い合わせ：海運商事　事務局

Ｅメール：nekoneko@nini.jp.co

fax：03-9833-8473

よろしくお願い致します。

以上

海運商事

営業部　広報担当　川田光

nekoneko@nini34.jp.co

E메일 쓰는 법

01 E메일 쓰는 법

편지보다 간단하고 짧게 쓴다.

① **자신의 이름을 적는다.**
성과 이름을 모두 쓰지 않아도 된다. 성이나 이름만 써도 상관없다. 메일을 보내는 상대방이 잘 사용하는 이름을 쓰는 것이 좋다.

　　　李です。パクです。ハナです。

자기이름에 「さん」, 「ちゃん」은 붙이지 않는다.

　　　(×)ハナちゃんです、(×)イさんです。

상대방 이름도 보통때 잘 쓰는 이름을 써도 좋다.

　　　田中さん。ゆみこちゃん。としくん。

② **인사 - 간단하게 쓴다.**
편지와는 달리, 계절 인사들은 쓰지 않아도 된다.

　　　こんにちは。　(점심인사)

　　　こんばんは。　(저녁인사)

　　　おはようございます。　(아침인사)

　　　元気ですか。　잘 지내세요?

　　　久しぶりです。　오랜만입니다

③ **첨부파일**
영상 등을 첨부했을 때는, 「첨부」라고 쓴다.

> Eメールの書き方

> ファイル添付しました。　파일 첨부합니다.
> 写真つけました。　사진 붙입니다.

일본은 한국보다 인터넷고속회선이 없는 곳도 많기 때문에 한번에 많은 양의 자료를 보내는 것은 실례가 된다. 보내기 전에 상대방에게 물어보고 보내는 것이 좋다.

> 写真をおくりたいですが、サイズが大きいです。送ってもいいでしょうか。
> 사진을 보내고 싶은데 사이즈가 큽니다. 보내도 되겠습니까?

> ファイルが大きいので圧縮して送ります。圧縮のソフトありますか？
> 파일이 커서 압축해서 보냅니다. 압축프로그램 있습니까?

④ 급한 용무일 경우에는 매일 메일을 체크하지 않는 사람도 있기 때문에 다른 수단으로 연락을 하도록 한다.

> お電話ください。電話してください。携帯にメールください。
> 전화주세요. 전화해주세요. 휴대폰에 문자 보내주세요.

⑤ 마지막으로 자신의 성과 이름 모두와 메일 주소, 전화번호, 팩스번호, 휴대폰 전화번호 등을 써 두면 친절하다.

위의 메일을 친한 친구에게 쓸 경우에 평소 말투처럼 쓸 수 있다.

사무용 메일 쓰는 법

01 인사

いつもお世話になっております。
항상 신세지고 있습니다.

お忙しいところすみません。
바쁘신데 죄송합니다.

先日はお世話になりました。
지난번에는 폐를 끼쳤습니다.(신세를 졌습니다.)

02 안건

> ○○の件です。
> ○○건입니다

お問い合わせの件です。
문의건입니다.

明日の会議の件です。
내일 회의건입니다.

さて、入金の件ですが…。
그럼, 입금 건입니다만….

03 연락처를 적는다

お問い合わせ(문의), 問い合わせ先(문의처), 申し込み(신청), 申し込み先(신청할 곳), 連絡先(연락처), 担当者(담당자)

ビジネスメールの書き方

04 마지막 인사

よろしくお願い致します。
잘 부탁드립니다.

お手数ですがよろしくお願いします。
번거롭겠지만 잘 부탁합니다.

すみませんがよろしくお願いします。
죄송하지만 잘 부탁합니다.

不明な点がございましたらご連絡ください。
잘 모르는 점이 있으면 연락해주세요.

以上
이상

それでは失礼します。
그럼 실례하겠습니다.

 실제로 써 봅시다

友だちにEメールを書いてみましょう。

Appendix

부록

▶ 본문해석
▶ 연습문제해답

본문해석 Dialogue

[01]

나의 일주일

월요일부터 금요일까지 학교에 다닙니다. 지하철과 스쿨버스를 이용해서 다니고 있습니다.
버스안에서 음악을 들으면서 책을 읽습니다.
학교의 수업은 9시에 시작해서, 6시에 끝납니다. 수업이 없을 때는 도서관에서 공부합니다.
밤에는 집에서 숙제를 하기도 하고 엄마를 도와주기도 하고 애완동물을 보살피기도 합니다.
월요일부터 금요일까지 아침 일찍 일어나기 때문에 토요일은 대개 늦게까지 잡니다. 그래서 나는 토요일이 가장 좋습니다.
또 토요일은 공부를 하지 않고, 고등학교의 동급생을 만나곤 합니다.
친구를 만나서 영화를 보기도 하고, 수다를 떨기도 합니다. 일요일은 근처의 빵집에서 아르바이트를 하고 있습니다.
아르바이트는 힘들지만 재미있습니다.

[02]

내가 좋아하는 것에 대해서 소개하겠습니다.

내가 좋아하는 것에 대해서 소개하겠습니다.
내가 좋아하는 것은 영화를 보는 것입니다.
요리를 만드는 것은 잘합니다만, 별로 좋아하지 않습니다.
요리보다 영화를 더 좋아합니다.
영화는 연애영화부터 서스펜스까지 모든 장르를 좋아합니다.
특히 영화중에서 액션영화를 제일 좋아합니다.
또 영화음악을 듣는 것도 좋아합니다.
영화음악은 들으면 들을수록 좋아집니다.
영화음악을 듣고 있으면 마음이 편해집니다.

[03]

한국의 음식에 대해서

한국의 음식에는 여러 가지가 있습니다만, 뭐니뭐니해도 김치가 제일 유명합니다.
최근에는 일본인 중에도 김치를 좋아하는 사람이 많이 있습니다.
그 외에 내가 좋아하는 것에는 떡볶이가 있습니다. 떡볶이는 떡과 어묵 등을 고추장에 버무린 음식입니다.

생각보다 맵지 않습니다. 매우 맛있습니다.
떡볶이를 만드는 방법을 배워서, 한번 만들어보고 싶습니다.

[04]

주말을 보내는 방법

어제는 가족과 함께 차로 처음으로 남산에 갔습니다. 남산에는 남산타워가 있습니다.
한번 가보고 싶었지만 좀처럼 갈 기회가 없었습니다.
남산타워의 맨 위에 있는 전망대에 올랐습니다.
전망대에서 바라보는 서울의 경치는 아름다웠습니다.
거기서 해가 지는 것을 보았습니다. 너무나도 감동적이었습니다.
집에 돌아오는 도중에 슈퍼에 들러 장을 보았습니다.

[05]

아르바이트

요즘, 여행비를 모으기 위해 아르바이트를 하고 있습니다. 이전에 아르바이트로 가정교사를 한 적이 있지만 이번에는 집 근처의 커피숍에서 아르바이트를 하고 있습니다.
아르바이트는 아침 9시에 시작해서 저녁 7시에 끝나기 때문에 피곤하지만 저축하기 위해서 일하지 않으면 안됩니다.
커피숍에서 아르바이트를 하고 나서, 지금까지 부모 밑에서 편안한 생활을 해왔다고 반성했습니다.
커피숍 아르바이트가 끝나면 다시 가정교사를 할 생각입니다.

[06]

가족을 소개하겠습니다.

저의 가족은 5명입니다. 할머니와 부모님과 형과 저입니다. 할머니는 73세이지만 매우 건강하고 무엇이든지 스스로 합니다. 가끔은 요리도 합니다. 아버지는 51세로 무역회사에 근무하고 있습니다.
아버지의 취미는 낚시로 주말이 되면 낚시하러 갑니다. 낚시를 하고 있을 때가 제일 행복하다고 합니다. 어머니는 주부입니다.
텔레비전드라마를 좋아해서 자주 텔레비전드라마를 봅니다. 텔레비전드라마를 보면서 울 때도 있습니다. 형은 군대에 갔습니다.
형은 스포츠만능입니다.
최근에는 가족 모두 모이기가 매우 어렵습니다.
저는 모두 모여서 식사하는 것을 좋아합니다.

[07]

생일

지난주 토요일은 나의 생일이었습니다. 같은 반의 친구들과 대학로의 식당에 갔습니다. 식사 전에 친구들이 케이크 초에 불을 붙이고 생일축하노래를 불러 주었습니다.
그리고나서 모두에게 선물을 받았습니다. 이 씨는 은색의 목걸이를, 박 씨는 지갑을 주었습니다. 최 씨로부터는 따뜻해 보이는 손으로 뜬 스웨터를 받았습니다.
정성어린 선물을 받아서 기뻐서 눈물이 나올 것 같았습니다.
그 후에 식사를 했습니다.
식사를 한 뒤 영화관에 가서 영화를 봤습니다.
추억에 남을 생일이 되었습니다.

[08]

자기소개

나는 김영수입니다. 대학교 3학년입니다.
나는 서울에서 3형제중 세 번째로 태어났습니다. 막내입니다.
태어나서부터 지금까지 계속 서울에 살고 있습니다.
나의 취미는 음악감상과 우표를 모으는 것입니다.
그리고 나는 그림을 그리는 것도 좋아합니다.
일본어과에 들어온 것은 일본만화를 좋아하게 되었기 때문입니다.
대학을 졸업하고 나면, 일본의 애니메이션 전문학교에 들어가서
일본 애니메이션에 대해서 배우고 싶습니다. 그래서 지금 학교
에서 일본어를 공부하고 있지만 좀처럼 늘지 않습니다.
빨리 능숙해져서 유창하게 말하고 싶습니다.

[09]

술 이야기

지난주 술자리가 있었다.
술은 잘 못하지만 먹는 분위기는 좋아한다.
1차는 맥주를 마셨다. 2차는 일본술과 아와모리를 마셨다.
선배가 많이 마셔서 취해버렸다. 발이 휘청거렸다.
선배는 밤에 정원의 개집에서 잤다고 했다.
옷에는 개의 털이 많이 묻어 있었다.

[10]

마음에 드는 시간

내가 가장 좋아하는 시간은 저녁 6시부터 7시입니다.
왜냐하면 이 시간은 혼자서 한가하게 보낼 수 있는 시간이기 때문입니다
친구들이나 애인과 보내는 시간도 좋지만 혼자서 보내는 시간도 나는 좋아합니다.
예를 들면 일하고 난 뒤 혼자 카페에 가거나 합니다.
커피를 마시면서 잡지를 읽기도 하고 MP3로 마음에 드는 음악을 듣기도 합니다. 마음이 편해집니다.
바쁜 하루 뒤에 자유롭게 보내는 이 시간을 나는 좋아합니다.

[11]

휴가 계획

다음 주부터 휴가다. 시간이 있기 때문에 여행을 가고 싶다.
그래서 한번 오키나와에 가보려고 한다. 아직 한번도 가 본 적이 없다.
6월에는 싸게 갈 수 있을 것 같다. 친구와 가려고 한다.
에메랄드그린 빛 바다에서 헤엄치고 스쿠버다이빙을 해야지.
열대어와 함께 수영할 수 있을 것 같다.
그리고 밤에는 친구와 아와모리를 마시려고 한다.
먼저 새 수영복을 사야지.

[12]

한국의 소개문

서울의 관광명소를 소개합니다. 서울을 대표하는 야경명소를 말하자면 63빌딩입니다. 최상층

본문해석 Dialogue

에는 서울시내를 내려다볼 수 있는 레스토랑이 있습니다. 야경이 최고입니다. 바에서 술을 마시는 것도 좋겠지요.
그밖에 유명한 레스토랑, 수족관 등도 있습니다.
수족관은 어린이들에게 인기가 있습니다.
또 한국하면 맛있는 요리입니다. 나는 냉면을 좋아합니다.
차가운 면요리지만 여름에도 겨울에도 맛있습니다.
맵지 않고 담백한 맛입니다. 매운 것을 잘 못 먹는 사람이라도 먹을 수 있습니다.

[13]

연하장을 쓰자(엽서를 쓰다)

새해 복 많이 받으세요.
작년에는 신세를 많이 졌습니다.
작년에는 바빠서 좀처럼 만나지 못했군요.
올해는 한가하게 온천이라도 갑시다.
올해도 잘 부탁드립니다.

平成18년 새해
이은희

[14]

편지를 쓰다 (감사장)

박 씨는 방학에 일본인 가정에서 홈스테이를 했습니다.
호스트패밀리의 어머니에게 감사의 편지를 썼습니다.

추운 날이 계속되고 있습니다만 잘 지내고 계십니까?
일본체류중에는 정말 신세를 많이 졌습니다.
매일 맛있는 요리를 만들어 주시고, 여기저기 안내를 해 주셔서 정말로 감사합니다. 모두 덕분에 매우 즐거운 여행이 되었습니다.
친절하게 해주셔서 다시 한번 깊이 감사를 드립니다.
가족 모두에게도 안부를 전해주세요.
그럼, 아직 추운날이 계속되므로 몸 조심하세요.

平成18년 2월 7일

朴眞聖
田中美代様

[15]

E메일을 쓰자

(1) 친한 사람에게 사적인 메일을 쓸 경우

야마시타입니다.
안녕하세요. 오랜만입니다.
辻 씨 잘 지내고 계세요?
저는 대만에 놀러 갔다 왔습니다.
사진첨부합니다
아참!
이번 쉬는 날에「미녀와 야수」뮤지컬을 보러가지 않을래요?
시간, 장소는 아래를 봐 주세요.
http://www.kohannouso.com/
그럼 연락 해 주세요.
야마시타치에
tieyama@yabb.co.jp

(2) 친한 친구에게 쓰는 경우

치에이에요.
안녕. 오랜만이야.
히로 군, 잘 지내?
대만에 놀러 갔다 왔어.
사진 첨부할게.
있잖아, 이번 휴일에「미녀와 야수」뮤지컬 보러가지 않을래?
시간, 장소는 아래를 봐.
http://www.kohannouso.com/
그럼 연락 줘.
야마시타치에
tieyama@yabb.co.jp

(3) 업무용메일

三田商事　事業部　海外事業担当　田島孝男 様

본문해석 Dialogue

항상 신세를 지고 있습니다.
해운상사, 영업부의 가와다입니다.
연수회 건입니다.

제 56회 연수회의 안내입니다.
다음달 1월 7일에 아래와 같이 연수회가 열리므로 알려드립니다.
출석을 진심으로 기다리고 있겠습니다.

  일시 : 2006년1월7일
  회장 : ○○국제회관 (1호관 1층)
  내용 : 강습과 토론
  신청 : 성명, 소속을 기입해서, E메일 또는 팩스로 아래의 문의처로 신청해주세요.
  문의처 : 해운상사 사무국
  E-메일 : nekoneko@nini.jp.co. fax : 03-9833-8473

잘 부탁드립니다
이상

海運商事
営業部　広報担当　川田光
nekoneko@nini34.jp.co

연습문제해답 Exercises

[01]

1
(1) 友達と一緒に遊んでいます。
(2) 大学で日本語を勉強しています。
(3) 病院で働いています。
(4) スーパーで交通カードを売っています。

2
(1) 音楽を聞きながら運転をする。
(2) 歌を歌いながらピアノを弾く。
(3) 歩きながら話をする。
(4) 写真を見ながら説明をする。

3
(1) 銀行に行ったり買い物をしたりします。
(2) 本を読んだり雑誌を読んだりします。
(3) ケーキをつくったりお菓子をつくったりします。
(4) 手紙を書いたり音楽をきいたりします。

4
(1) 歯を磨かないで寝ます。
(2) 朝ご飯を食べないで学校に行きます。
(3) 友達に会わないで図書館に行きます。
(4) 人に頼まないで自分でやります。
(5) 仕事をやめないでがんばります。

[02]

1
(1) 銀よりダイヤモンドのほうがもっと高いです。
(2) 勉強よりゲームのほうがもっと楽しいです。
(3) 海より山のほうがもっと好きです。
(4) 私の部屋より弟の部屋のほうがもっと広いです。
(5) 智異山より白頭山のほうがもっと有名です。

2
(1) くだものの中でメロンが一番高い。
(2) 季節の中で春が一番好きだ。
(3) 川の中で漢江が一番長い。

연습문제해답 Exercises

  (4) 韓国料理の中でキムチが一番有名だ。
  (5) 山の中で富士山が一番うつくしい。

3 (1) 日本語は勉強すれば勉強するほどおもしろくなります。
  (2) 外国語は聞けば聞くほどわかります。
  (3) 運動すれば運動するほどやせます。
  (4) 土地は都市に近ければ近いほど高いです。
  (5) 車の音が静であれば静かなほどいいです。

4 (1) 冬になると雪が降ります。
  (2) ボタンを押すと音が出ます。
  (3) 運動をすると丈夫になります。
  (4) 橋をわたると看板が見えます。

5 (1) 特に日本語が上手です。
  (2) 特に済州道のミカンが甘いです。
  (3) 特に東京の物価が高いです。
  (4) 特に金剛山が有名です。
  (5) 特にオリンピック公園が広いです。

[03]

1 (1) 何と言ってもゲームが、一番楽しいです。
  (2) 何と言っても運動が、一番好きです。
  (3) 何と言っても母が、一番やさしいです。
  (4) 何と言っても野菜が、一番体にいいです。

2 (1) 最近は小学生の中でもマラソンをする人がたくさんいます。
  (2) 最近は高齢者の中でも健康のためにダイエットをする人がたくさんいます。
  (3) 最近は高校生の中でも日本に修学旅行をする人がたくさんいます。
  (4) 最近は韓国人の中でも中国語を勉強している人がたくさんいます。

3 (1) 私が書いた手紙です。
  (2) 母が編んだセーターです。

(3) 兄が使った辞書です。
　　(4) 友達にもらった指輪です。

4 (1) 思ったより遠くないです。近いです。
　(2) 思ったより重くないです。軽いです。
　(3) 思ったよりうるさくないです。静かです。
　(4) 思ったよりおもしろくないです。つまらないです。
　(5) 思ったより難しくないです。易しいです。

5 (1) 一度東京に行ってみたいです。
　(2) 一度日本人と話してみたいです。
　(3) 一度頂上まで登ってみたいです。
　(4) 一度川を渡ってみたいです。

[04]

1 (1) 都会ではなかなか星を見ることが出来ません。
　(2) 小学校の同級生となかなか会えません。
　(3) 頂上まではなかなか登ることが出来ません。
　(4) 先生の前ではなかなか言えません。

2 (1) 本屋によって本を買いました。
　(2) 美容室によって髪をカットしました。
　(3) 図書館によって本を借りました。
　(4) 喫茶店によってコーヒーを飲みました。
　(5) 銀行によってお金をおろしました。
　(6) 郵便局によって手紙を出しました。

3 (1) 目の前で事故がおきたのを目撃しました。
　(2) 気球が飛んでいるのを写真にとりました。
　(3) ドアがしまるのを聞きました。
　(4) インターネットにのっているのを読みました。

연습문제해답

[05]

1. (1) 仕事を見付けるために努力しました。
   (2) 恋人のためにプレゼントを買いました。
   (3) 来客のために花を飾りました。
   (4) 就職するために留学しました。

2. (1) 以前、ホテルで働いたことがあります。
   (2) 以前、ビデオ屋でビデオを借りたことがあります。
   (3) 以前、セーターを編んだことがあります。
   (4) 以前、アメリカを旅行したことがあります。
   (5) 以前、すみだ川の花火大会を見たことがあります。
   (6) 以前、ユニバーサルジャパンに行ったことがあります。

3. (1) 会議があるので資料をコピーしなければなりません。
   (2) 日本へ行くので飛行機のチケットを予約しなければなりません。
   (3) 卒業のために論文を書かなければなりません。
   (4) 韓国の男性は軍隊に行かなければなりません。

4. (1) 仕事が終わったら早く帰りたい。
   (2) ひまだったら遊びに来て下さい。
   (3) 大学を卒業したら就職する。
   (4) コンピューターが安かったら買いに行きます。
   (5) 暑かったら上着をぬいでください。

[06]

1. (1) 洪水の被害は大きいそうです。
   (2) 事故の原因ははっきりわからないそうです。
   (3) あしたは休みだそうです。
   (4) 来年大統領の選挙が行われるそうです。
   (5) ○○市の住宅街は静かだそうです。
   (6) 先月新しいCDが発売されたそうです。

2　(1) 学校でよくお弁当を食べます。
　　(2) 先生とよく相談をします。
　　(3) 夜はよく手紙を書きます。

3　(1) お金をおろしに銀行に行きます。
　　(2) 手紙を出しに郵便局に行きます。
　　(3) 友達に会いにアメリカに行きます。
　　(4) 子供をむかいに幼稚園に行きます。
　　(5) 薬を買いに薬局に行きます。

[07]

1　(1) 水泳をする前に、準備体操をします。
　　(2) 会う前に、電話をかけます。
　　(3) 寝る前に、歯を磨きます。
　　(4) 会社をやめる前に、よく考えます。

2　(1) 仕事が終わった後で、飲みに行きます。
　　(2) 食事をした後で、カラオケに行きます。
　　(3) 車が止まった後で、車から降ります。
　　(4) 授業が終わった後で、質問をします。
　　(5) テニスをした後で、シャワーを浴びます。

3　(1) 母が私に辞書をくれました。
　　　　私は母に(母から)辞書をもらいました。
　　(2) 友達が私の弟に映画の切符をくれました。
　　　　私の弟は友達に(友達から)映画の切符をもらいました。
　　(3) 父が私たちに本をくれました。
　　　　私たちは父に(父から)本をもらいました。

4　(1) 田中先生は私に日本語を教えてくれました。
　　(2) 母は私に洋服を買ってくれました。
　　(3) 交番の人は私と妹に道を教えてくれました。
　　(4) 川田さんは私の母を車で送ってくれました。

연습문제해답 Exercises

(5) たかしくんは私たちに珍しい料理をごちそうしてくれました。

5　(1) このプレゼントは高くなさそうです。
　　(2) このカメラはよさそうです。
　　(3) あの人は健康そうです。
　　(4) この靴はきつそうです。
　　(5) そのナイフは便利じゃなさそうです。

6　(1) 授業におくれそうです。
　　(2) 枝が折れそうです。
　　(3) 景気がよくなりそうです。
　　(4) 電車に間に合いそうです。
　　(5) 試合で相手に負けそうです。

[08]

1　(1) → 予習します。それから授業に出ます。
　　　　　予習してから授業に出ます。
　　　　　予習したあとで、授業に出ます。
　　(2) → 復習します。それからテレビを見ます。
　　　　　復習してからテレビを見ます。
　　　　　復習したあとで、テレビを見ます。
　　(3) → ホイッスルがなります。それから試合を始めます。
　　　　　ホイッスルがなってから試合を始めます。
　　　　　ホイッスルがなったあとで、試合を始めます。
　　(4) → 食事をします。それから会議をします。
　　　　　食事をしてから会議をします。
　　　　　食事をしたあとで、会議をします。
　　(5) → シャンプーをします。それからヘアパックをします。
　　　　　シャンプーをしてからヘアパックをします。
　　　　　シャンプーをしたあとで、ヘアパックをします。

2　(1) 子供を生んでから太りはじめました。
　　(2) 日本語の勉強をしてから日本のドラマを見はじめました。

(3) 病気になってから薬を飲みはじめました。
(4) 仕事を辞めてから小説を書きはじめました。

3 (1) → 火事が起こりました。それで、家が焼けました。
　　　　火事が起こって、家が焼けました。
　　　　火事で、家が焼けました。
(2) → 大雨が降りました。それで、洪水になりました。
　　　　大雨が降って、洪水になりました。
　　　　大雨で、洪水になりました。
(3) → 地震が起こりました。それで、ガラスが割れました。
　　　　地震が起こって、ガラスが割れました。
　　　　地震で、ガラスが割れました。
(4) → 事故が起こりました。それで、人がけがをしました。
　　　　事故が起こって、人がけがをしました。
　　　　事故で、人がけがをしました。
(5) → 雨が降りました。それで、服がぬれました。
　　　　雨が降って、服がぬれました。
　　　　雨で、服がぬれました。

4 (1) → 年をとりました。それで、体が弱くなりました。
　　　　年をとって、体が弱くなりました。
(2) → 宿題を忘れました。それで、先生にしかられました。
　　　　宿題を忘れて、先生にしかられました。
(3) → 引越しをしました。それで、交通が便利になりました。
　　　　引越しをして、交通が便利になりました。
(4) → 服を買いました。それで、お金がなくなりました。
　　　　服を買って、お金がなくなりました。

5 (1) 弟の特技はサッカーをすることです。
(2) 朴さんの趣味は写真をとることです。
(3) 妹の特技はスノーボードをすることです。
(4) 先生の趣味は絵をかくことです。

6 (1) 授業を休んだのは、風邪を引いたからです。
(2) 成績が下がったのは、勉強しなかったからです。

연습문제해답

(3) 客が来ないのは、サービスが悪いからです。
(4) 旅行に参加しないのは、お金がないからです。
(5) 道が込んでいるのは、工事中だからです。

[09]

1　(1) 毎晩、友達とあそびます。遊びすぎです。
　　(2) カラオケで20曲もうたいました。うたいすぎてのどがいたいです。
　　(3) 寒くて洋服を8枚も着ています。着すぎです。
　　(4) 一日5時間もします。目が悪くなりました。ゲームをしすぎです。

2　(1) 今年の冬はあたたかい。
　　(2) この犬はメスだ。
　　(3) 先週はずっと天気がよかった。
　　(4) くるまがほしい。
　　(5) 春の海はおだやかだ。
　　(6) お金には興味がない。
　　(7) 来年、ローマにいくつもりだ。
　　(8) 近所の温泉にいってきた。

3　(1) はなしてしまいました
　　(2) わってしまいました
　　(3) なくしてしまいました
　　(4) おいてきてしまいました
　　(5) いってしまいました

4　(1) ふとってしまいました
　　(2) よんでしまいました
　　(3) おちてしまいました
　　(4) こぼしてしまいました
　　(5) のんでしまいました

[10]

1
(1) 店の前に人がたくさんならんでいます。なぜなら大バーゲン中だからです。
(2) 飛行機の時間が遅れます。なぜなら天気が悪いからです。
(3) あの店はひるはいつも混んでいます。なぜならひるの定食が500円だからです。
(4) バスがなかなか来ません。なぜなら高速道路で事故があったからです。

2
(1) 明日は家にいるつもりです。例えば、テレビをみたり、本を読んだりします。
(2) 毎週、スポーツジムに行きます。例えば、泳いだり、ヨガをしたりします。
(3) 旅行に行きます。例えば、温泉に入ったり、お土産を買ったりしたいです。
(4) 休日、友達と遊びます。例えば、一緒にえいがをみたり、買い物をしたりします。

3
(1) 自転車にのれますか。
(2) イタリア語がはなせますか。
(3) どのくらいおよげますか。
(4) 英語で手紙がかけますか。
(5) この本はコピーできません。

4
(1) およげません
(2) はなせません
(3) みられます
(4) すえません
(5) のめません

[11]

1
(1) あるきます → あるこう
(2) いそぎます → いそごう
(3) あそびます → あそぼう
(4) 乗ります → のろう
(5) まちます → まとう
(6) はなします → はなそう
(7) ねます → ねよう
(8) みつけます → みつけよう
(9) やせます → やせよう
(10) いってきます → いってこよう

연습문제해답 Exercises

　　　(11) そうじをします → そうじをしよう
　　　(12) 出席します → しゅっせきしよう

2　(1) うちでやすもうとおもいます。
　　(2) レポートをかこうとおもいます。
　　(3) 映画をみようとおもいます。
　　(4) 日本語の先生になろうとおもいます。

3　(1) 露天風呂に一度もはいったことがない。
　　(2) 冷酒を一度ものんだことがない。
　　(3) スノーボードを一度もしたことがない。
　　(4) 富士山へ一度ものぼったことがない。
　　(5) 零下40度を一度も体験したことがない

[12]

1　(1) 食べ物　　　　(2) 小説家
　　(3) 観光地　　　　(4) 映画監督
　　(5) 乗り物　　　　(6) 伝統芸能
　　(7) 飲み物

2　(1) お寺に泊まるのもいいでしょう
　　(2) カラオケにいくのもいいでしょう
　　(3) 一日中寝るのもいいでしょう
　　(4) セーターをあむのもいいでしょう
　　(5) ガムをかむのもいいでしょう

3　(1) ホラーでもアクションでも
　　(2) バスでも地下鉄でも
　　(3) 牛乳でもチーズでも
　　(4) 雨でも雪でも
　　(5) グレーでもオレンジでも
　　(6) サインでも印鑑でも

(7) 春でも秋でも
(8) 中学生でも小学生でも
(9) カードでも現金でも

저자약력

한 선희

御茶ノ水女子大学 석사
明治大学 박사
단국대학 문학박사
토론토대학 동아시아학부 객원교수
현재 상명대학교 일본어문학과 교수

타부치 사쿠코

熊本県立大学 文学部 日本語日本文学科 졸업
熊本県立大学 大学院 文学研究科 日本語日本文学専攻 수료(문학석사)
현재 상명대학교 전임강사

일본어작문 중급으로 스텝업

저자 한 선희, 타부치 사쿠코
초판발행일 2005년 9월 9일
초판3쇄 발행일 2011년 3월 21일

발행인 박효상
편집 임수진, 김지혜
영업 이종선, 이태호, 이전희
표지 · 본문디자인 심즈 커뮤니케이션

출판등록 제10-1835호
발행처 사람in
주소 121-839 서울시 마포구 서교동 378-16번지
전화 02) 338-3555
팩스 02) 338-3545
e-mail saramin@netsgo.com
Homepage www.saramin.com

::책값은 뒤표지에 있습니다.
::파본은 바꾸어 드립니다.
::저자와의 협약에 따라 인지는 생략했습니다.

ISBN 89-89540-66-6